Sobre Deus
e o sempre

Nilton Bonder

Sobre Deus
e o sempre

Rocco

Copyright © 2003, 2011 *by* Nilton Bonder

Direitos desta edição reservados à
EDITORA ROCCO LTDA.
Av. Presidente Wilson, 231 – 8º andar
20030-021 – Rio de Janeiro – RJ
Tel.: (21) 3525-2000 – Fax: (21) 3525-2001
rocco@rocco.com.br
www.rocco.com.br

Printed in Brazil/Impresso no Brasil

CIP-Brasil. Catalogação na fonte.
Sindicato Nacional dos Editores de Livros, RJ.

B694s	Bonder, Nilton
	Sobre Deus e o sempre / Nilton Bonder. – Rio de Janeiro: Rocco, 2011.
	ISBN 978-85-325-2645-8
	1. Deus (Judaísmo). 2. Tempo – Aspectos religiosos – Judaísmo. I. Título.
11-0837	CDD–296.36
	CDU–26-14

A
Sarita Solter ^{z"l}
Anna Dorfman ^{z"l}

O homem pensa e Deus ri.
Ditado Iídiche

Sumário

I. Introdução
Deus é um 11
Eu sou seu Deus aquele que não é 14
Tempo nos quatro mundos 21

II. Incursões no antes
Diferença entre passado e "antes" 29
Tempo regresso 35
Small bang 44
A morte como 1/60 do Nada 67
Instrumentos da criação 70
Fronteiras com o Nada 76
Gosto – Existência fora do corpo 78

III. Incursões no agora
Encontro em tempo algum 90
Textos para escapar da ilusão 96
O corpo e o agora 101
Erótico – O sempre no "agora" 106

IV. Incursões no depois
O mundo vindouro 120
Limites do "depois" 125
Enumera os teus "agoras" 128
Irreversibilidade do tempo 131

V. Incursões no sempre

Um tempo que é um lugar 139
Sempre – Tempo sem direção 142
Um modelo de inexistência 148

VI. Incursões na inexistência

Afeto e presença 155
O tu que não existe 159
O eu que não existe 164
Existe, mas não há 168
UM-E^{H}AD 173

I.
INTRODUÇÃO

Deus é um

Esta afirmação do texto bíblico, mais do que um algoritmo ou uma hierarquia, é uma expressão metafísica com grandes implicações. O Gênesis, a Criação, só foi possível através da geração de dualidade e de diversidade. Separa-se a luz da escuridão, os céus da terra, o homem da mulher e ramificam-se espécies ampliando a biodiversidade, e assim se cria. O UM, entretanto, não se inclui seja na diversidade, seja na Criação. O "UM" é uma grave afirmação que ressoa de canto a canto de nossa consciência. Nele há informações preciosas sobre a natureza e o ocultamento de Deus.

A questão da existência de Deus nos mobiliza profundamente não tanto pela curiosidade, mas por acobertar uma angústia original. Por definição, angústia é a mistura entre prazer e dor. Ficamos angustiados quando experimentamos a mistura do que queremos com aquilo que não queremos; ou quando a certeza e a dúvida se fundem. No caso de Deus essa angústia procede de confirmações e desmentidos que se entrelaçam gerando percepções que não podem ser descartadas e, ao mesmo tempo, não podem ser plenamente sustentadas. Deus se revela e se oculta.

Um fator importante desta angústia provém do fato de UM se excluir não apenas da Criação mas, em particular, do tempo. A possibilidade de que algo possa estar fora do tempo questiona o parâmetro mais palpável de nossa relação com a existência. Afinal, é no tempo que nos percebemos e é nele que resgatamos a memória do que já existiu. As implicações de "UM" nos remete a um vazio, a uma inexistência, que nos é familiar. Por mais estranho que pareça, reverbera em nós um ruído constante que provém de uma época em que não éramos nada. Um ruído que perturba ao desafiar nossa mais elementar noção de realidade. Relutamos em aceitar que haja um tempo distinto do tempo lógico, um tempo da existência que não seja composto de passado, presente e futuro. A invisibilidade de Deus talvez seja o resultado de ser Ele o UM que é exterior ao fluxo do nosso tempo. Deus habitaria num outro tempo: em nenhum dos três tempos que conhecemos, mas em um quarto tempo que é o sempre. Esse tempo no qual também estaríamos imersos, embora nos seja imperceptível aos sentidos, é um parâmetro intuitivo presente em nossa consciência. Como se, por um portal mágico pelo qual desvanece e reaparece, o sempre se fizesse um fantasma perpétuo. Quando o sempre nos faz companhia, Deus e outras realidades se descortinam, quando desbota, se configura como uma fantasia.

Este livro é um convite para uma viagem. Visa a situar-nos num Mapa Maior em que as coordenadas são dadas não por referências externas, mas internas. Referências que são sempre a história, o caminho traçado. Cada um de nós contém em si a memória não acessível de uma incrível trajetória que nos traz até aqui, neste momento e deste jeito. Esta memória feita de passados e da sensação de transitoriedade do tempo também é repleta de um sentimento antigo da presença do "sempre" e do UM. Nele reside a eternidade e a divindade. E esta foi a revelação feita ao pé do Monte Sinai – Deus não está no tempo, está fora dessa diversidade que percebemos como existência.

Ao proibir qualquer representação em forma sobre si, Deus revelava sua essência maior – sua alteridade ao tempo. Tudo o que tem forma foi criado e moldado pela transitoriedade do tempo: uma criança, um adulto, uma montanha, uma árvore ou uma pedra. Sua forma é o retrato de uma história no tempo. O próprio Universo estudado pela Física e pela Cosmologia tem seu tempo medido pela forma, pela radiação emitida ou por sua expansão. Podemos dizer que se a energia é uma proporção entre massa e velocidade, a existência é uma proporção entre forma e tempo. Tudo que tem forma tem tempo. Um Deus que não tem forma não está sujeito ao tempo. E para nós que vivemos na percepção do tempo, essa é uma compreensão extremamente difícil. A ausência de Deus no tempo não é uma prova de que seja uma invenção ou uma ilusão, mas ao contrário, a característica central de Sua essência.

Especular acerca de um Deus que não há no tempo permite abordarmos certos aspectos de nossa própria existência. Como se o deslocamento pelo tempo fosse apenas a ponta de um iceberg que responde por um tempo de outra ordem.

Para tal viagem vamos fazer uso de todos os recursos possíveis para visualizar a silhueta desta existência que não reside em nossa realidade. Os contos, os mitos e as revelações reverberam em um tempo situacional que, distinto do tempo conceitual, nos faculta essa possibilidade. Estaremos em busca de furtivos encontros com o nada e com o vazio na busca de aprofundarmos nossa intimidade com a realidade.

Eu sou seu Deus aquele que não é

O TEXTO BÍBLICO TEM COMO meta principal introduzir o ser humano a seu Deus. Apesar de seus vários livros e testamentos, sua versão original aceita pelos hebreus compreende menos do que o Velho Testamento. A Torá (Pentateuco), o texto sagrado lido anualmente pelos judeus, se compõe apenas dos cinco primeiros livros da Bíblia. Essa versão resumida não visava a servir de manual para rituais e condutas, como as diversas tradições a transformariam a partir de sua interpretação, mas unicamente como uma introdução ou um mapa da Divindade. Quem é este Deus que além de ser um único tem também determinadas características difíceis de serem apreendidas? A resposta ou a apresentação deste Deus é a intenção maior da Torá. Esta é a razão maior de seu nome – Torá – como o "caminho" ou "a direção". Caminho para onde? Coordenadas para quê? Para este Deus único, criador e animador da realidade.

Se quiséssemos ser ainda mais puristas diríamos que a Torá compõe-se apenas de dois livros: o Gênesis e o Êxodo. Talvez daí a ideia de apenas duas tábuas como apresentadas na imagem do recebimento dos livros no Monte Sinai. Estes dois livros desenham teoricamente esse caminho de conexão ou compreensão da Divindade. O Gênesis contém a Criação não só do Universo, mas de Deus. Do paraíso de Adão e Eva, passando pelas dificuldades éticas básicas das gerações até Noé que não identificavam nenhum compromisso entre criatura e Criador, chega-se às primeiras noções acerca deste Deus. Trata-se da era dos patriarcas e matriarcas, matrizes que são de um ser humano com a consciência necessária para identificar Deus em sua realidade.

Neste estágio, Deus se manifesta através das relações familiares e particularmente através da questão de sobrevivência pela continuidade e procriação. Sua questão maior se apresenta na escolha das lideranças e dos caminhos que permitirão a existência de um futuro que melhor os preserve.

Entretanto, o Gênesis não diz apenas respeito à Criação do ser humano, mas acima de tudo à criação de Deus. Talvez o arremate final na criação do ser humano, ou o término em si da própria Criação, só aconteça no momento da descoberta de que há um Deus na realidade.

O Êxodo, por sua vez, relata a história de Moisés e da saída do Egito e intitula-se *Shemot* (nomes) em hebraico. Tal título deriva da segunda palavra contida em seu texto e que se inicia com *"Estes [são os] nomes"*. O título captura o sentido literal de Êxodo que se inicia listando os nomes das famílias descendentes de Jacob e que saíram da escravidão do Egito. Em um sentido mais simbólico, porém, este é o livro no qual o Nome de Deus será apresentado.

Por nome devemos compreender a essência, algo que expresse a individualidade daquilo que nomeamos. O Êxodo é basicamente um livro que explicita, ou melhor, revela o Nome deste Deus que os patriarcas e matriarcas conheceram em sua realidade, mas que não sabiam nomear. Não sabê-lo denota um convívio sem compreensão ou uma dimensão intuitiva carente de consciência acerca de Sua essência. Muito provavelmente Abraão compreende este Deus como o Deus do futuro. Um Deus preocupado em lhe prover família e descendência.

O Deus que se revela a Moisés faz questão de nomes. É Moisés, porém, que primeiro se mostra interessado pela natureza de Deus ao perguntar seu nome diante da sarça ardente. E Deus não lhe furta uma resposta como furtara anteriormente a Jacob:

> *E disse Moisés a Deus: "Eis que quando eu vier aos filhos de Israel e lhes disser 'o Deus de vossos pais enviou-me a vós', e dirão para mim: 'Qual o seu nome?' – Que direi a eles?" E disse Deus a Moisés: "Serei O Que Serei." E disse: "Assim dirás aos filhos de Israel: Serei enviou-me a vós."* (Ex. 3: 13-14)

Esta é a primeira referência que Deus faz a seu nome como uma essência expressa pelo tempo. *Serei O Que Serei* contém identidade porque aparece na primeira pessoa e contém temporalidade. Aparentemente é um tempo futuro, mas é mais do que um tempo futuro. Para isto teria bastado chamar-se de *Ehie – Serei*. Há um esforço linguístico por determinar um verbo num tempo novo. É deste tempo que Deus deseja falar como forma de se fazer compreendido por sua criatura.

Que tempo é este? E por que Deus se definiria como uma expressão no tempo?

Essa parece ser a grande revelação de Êxodo, uma revelação que ousa abordar a questão da própria essência do Criador.

A centralidade da questão do Nome em Êxodo reaparece em outra passagem em que Deus tenta esclarecer Moisés acerca de sua "natureza".

> *"E falou Deus a Moisés e disse-lhe: Eu sou YHWH E apareci a Abraão, a Isaque e a Jacó como Shadai;*

mas por meu nome, YHWH, a eles não me fiz saber."
(Ex. 6:3)

O significado de "a eles não me fiz saber" denota maior amplitude a este novo Nome. Mais ainda, este Nome contém em si alguma informação que vai além daquela conhecida pelos patriarcas. A eles Deus se revela como *Shadai,* como um Deus que é parte da natureza. Agora, a Moisés, novamente o Nome de Deus se expressa pelo tempo. Da mesma forma que *"Serei O Que Serei"* se esforça para definir um tempo distinto, YHWH, o Tetragrama em forma de Nome-revelação, também é um empenho por definir algo novo.

Qualquer pessoa familiarizada com a língua hebraica sabe que YHWH está associado à noção de tempo, uma vez que contém o radical do verbo existir ou do verbo SER. Como a língua hebraica não declina o verbo "ser" no presente, YHWH parece ser uma mistura dos verbos "ele será, ele foi e ele é" somada ao gerúndio do verbo SER. Já outros preferem a leitura do Tetragrama como uma representação do tempo presente (HWH) sendo precedido pela partícula Y, que lhe dá um sentido futuro. Ou seja: Eu sou aquele que empurra o Presente na direção do Futuro. Nessa leitura, Deus se define como a própria força motriz do tempo.

Mais do que se expressar como o tempo – lembrando que o tempo designa forma e Deus se revelou nos Dez Mandamentos como ausente de forma ou irrepresentável –, talvez haja aqui um esforço para tornar visível ao humano algo que lhe é interdito. Em resumo, o Tetragrama seria um código do tempo. Como um algoritmo ou uma instrução sobre o tempo. Neste saber estaria o mapa ou o caminho (Torá) ao Criador.

Como se empenhado em mediar entre o saber e nossa ignorância, o Criador talvez estivesse dizendo que o maior obstáculo a Ele é a noção limitada que temos do tempo. Sem ultrapassar nossa ilusão do tempo, não podemos nos sensibilizar à presença ou à existência do Criador. Basicamente, Deus não há na realidade que concebemos no dia a dia. Esta seria a razão do esforço por estabelecer outros parâmetros para a leitura da realidade que permitam "enxergar" o que está para além de nossa visão. Esta, em si, é a Revelação.

Os Mandamentos, ou as Leis – o que é obrigatório e o que é interdito –, seriam expressões do desejo de uma realidade que está em outra dimensão do tempo. A novidade de uma teologia ética encontra-se no fato de sensibilizar-nos para as prioridades de um tempo que não vivemos. Essa é a nossa grande dificuldade, pois para o nosso tempo linear e causal de passado, presente e futuro, os conceitos éticos não fazem sentido, prova disso está na prática dos indivíduos e das nações. Somente um esforço por perceber uma realidade expressa em outro tempo, para além da finitude e da sequência, nos permite laivos éticos e a percepção de sua importância.

O aspecto ético não é em si a Revelação, mas uma prática de sensibilização à Revelação. O que é revelado é um tempo cujo sentido desconhecemos. E nada é mais contundente do que um Criador que se Revela além de nossa realidade. "Não façam formas de Mim nem tentem desenhar perfis de Mim. Pois Eu sou aquele que não tem forma. Aquele que está fora do tempo que vocês conhecem. Eu Sou a essência daquilo que não há, mas que perpassa a realidade de vocês a todo o momento. Minha atemporalidade é a chave fundamental para que vocês conheçam uma outra face da realidade. Na presença de algo que não se representa é que vocês se maravilham e se atemorizam."

Mágica e responsabilidade são produtos desta invisibilidade constante em nossas vidas.

Louvar o Deus que não é expressa a suprema sofisticação de quem tem fé.

A grande chave é o tempo, ou melhor, a capacidade de abandonar os grilhões do tempo que nos aprisiona a uma realidade parcial e, portanto, ilusória. Meras centelhas da percepção desta outra dimensão do tempo já são suficientes para descortinar um sem-fim de novos portais que são Torá, caminho aberto ao Criador que não é.

Que tempo é esse pelo qual a essência do Criador se expressa? O que podemos apreender sobre o tempo a partir dessa Revelação?

ANTES, AGORA E DEPOIS

A percepção do tempo é fruto do problema fundamental da "consciência": a compreensão da transitoriedade. O que no Oriente é conhecido como a "impermanência" se constitui no mais importante componente do discernimento e da estruturação do pensamento. A relação de causa e efeito é toda ela sustentada pela percepção da passagem do tempo. Não há nada mais racional do que a noção de tempo. Ela é o instrumento maior do pensamento e, ao mesmo tempo, seu maior obstáculo. Sua utilidade é tão grande quanto a limitação que nos impõe. Nossa mais sólida referência e também nossa maior ignorância.

> *"Saiba, o tempo nada mais é do que produto da ignorância: ou seja, o tempo nos parece real porque nosso intelecto é tão limitado. Quanto maior o intelecto, mais insignificante se torna o 'tempo'. Tome um so-*

nho, por exemplo. Nele o intelecto menor se torna adormecido e um período de 70 anos pode passar em menos de um quarto de hora..." (Reb Nachman de Bratslav, início do século XIX.)

Como o sol que "nasce" e "se põe", dando a sensação que é ele que se desloca, o "tempo" nos ilude de forma semelhante. Somos nós que passamos, mas é o "tempo" que parece se deslocar. Enunciar o tempo pela perspectiva da nossa passagem é falar, em vez de passado, presente e futuro, de antes, agora e depois. É falar de "antes" como um tempo do "nós", o "agora" como um tempo do "eu" e o "depois" como um tempo do "eles".

É o nosso deslocamento, nossa impermanência, que produz essa sensação de antes, agora e depois. Enquanto tudo que existe tem um "passado, presente e futuro", só o que é vivo tem um "antes, agora e depois".

Façamos uma breve análise sobre a certeza do "antes", o prazer e a dor do "agora" e o medo e a fantasia do "depois".

Tempo nos quatro mundos

Nos Salmos e na liturgia judaica aparecem citações que descrevem o andamento do tempo pela perspectiva de D'us. "D'us é soberano, D'us foi soberano, D'us será soberano – para todo o sempre" *(Yah Melech, Yah Malach, Yah Imloch Le-Olam Va-ed)*. Essa afirmação é comumente entendida por seu sentido literal – pressupõe três tempos distintos: o presente, o passado e o futuro. No entanto, há uma outra leitura possível que aparentemente não faz sentido em nossa experiência da realidade cotidiana, mas que se ajusta a uma importante teoria da mística judaica – a existência de quatro mundos. Usado como uma forma elementar de decodificação da realidade, calcada na existência de quatro elementos básicos, a Cabala afirma que tudo neste mundo pode ser decomposto em quatro distintas dimensões. Tudo pode ser descrito por quatro componentes nos mundos – físico, emocional, intelectual e espiritual. O próprio Nome revela essas quatro dimensões.

Se tomarmos esta interpretação, poderíamos traduzir o Salmo como representando Deus no tempo, em quatro diferentes tempos: o presente (é soberano), o passado (foi), o futuro (será) e o sempre (para todo o sempre).

MUNDO	TEMPO	SENSAÇÃO	PESSOA	PERGUNTA	ELEMENTO
FÍSICO	PRESENTE	AGORA	EU	COMO?	ÁGUA
EMOCIONAL	PASSADO	ANTES	NÓS	DE ONDE?	TERRA
INTELECTUAL	FUTURO	DEPOIS	ELES	PARA ONDE?	FOGO
ESPIRITUAL	SEMPRE	HOLOCRONOS (TEMPO INTEGRADO)	TU	POR QUÊ?	AR

O tempo presente é o tempo físico. Nele há dor e há prazer. O corpo nutre ou se desgasta, se revigora ou adoece. Nele a existência acontece e nele ela se desfaz – nascemos e morremos em "agoras". Este incrível tempo instantâneo é experimentado como tendo supremacia sobre o passado e sobre o futuro. Enquanto no passado só existe a dor e o prazer da lembrança e no futuro a dor do medo e a expectativa da antecipação, no agora existe uma inegável concretude. Este é o tempo do EU, em que o ego reina e a quem nos submetemos pela promessa de nos resguardar e salvar. Sua preocupação maior é expressa pela pergunta "Como?", ou seja, de que maneira optar já que este é o tempo no qual as decisões acontecem. Por sua fluidez – uma vez que nossa percepção não captura nunca o presente, estando sua sensação sempre a um passo atrás já tendo sido, ou a um passo adiante ainda na imaginação –, é que o presente se manifesta pelo elemento água.

O passado, por sua vez, assume a roupagem existencial do "antes" com toda a sua carga afetiva. É o tempo inclusivo do "nós", no qual todos os que dele participaram constituem o grupo que nos formou até o presente momento. Sentimos como se eles fossem partes de nós, parte daquilo que nos tornamos. Daí funcionar na primeira pessoa do plural e representar a pergunta-sensação "De Onde Viemos?". É sem dúvida alguma um tempo referencial, um chão ou a expressão do elemento terra.

O futuro é absolutamente virtual. Ele não existe, como o passado não existe. Mas o passado parece se fusionar a quem somos e ao que tudo é. A forma é prova deste tempo que aconteceu. O futuro, no entanto, não possui forma real, mas nós o preenchemos com o mesmo "material" do passado. Seja na criação de cenários possíveis de dor ou prazer compostos pela memória do passado, o futuro conta ainda com os recursos da imaginação e da fantasia. Estes dois recursos são na verdade o que chamamos de intelecto. Capaz de gerar modelos, o intelecto é um instrumento de incursão ao futuro da mesma maneira que, como efeito colateral, elabora toda a inteligência de que dispomos.

Quando fazemos um exercício de matemática estamos basicamente efetivando modelos de leitura do futuro. Qualquer enunciado de problema nos faz imaginar e gerar respostas. Essas respostas são antecipações de cenários possíveis. Sua representação é o fogo que é imaterial comparado à concretude da terra (passado) ou mesmo da água (presente). Deus se mostra a Moisés numa sarça ardente, sob a forma de fogo, pois está prestes a expor-se através da Revelação no Monte Sinai, basicamente de natureza intelectual. Afinal, a lei é um exercício de fogo, ou melhor, um exercício intelectual de "podes" e "não podes", ou melhor ainda, um exercício futuro de identificar consequências para nossas escolhas do presente. Sua prospecção através da pergunta "Para onde vamos?" busca garantir preservação através da melhor escolha, além de conter elementos da moral. Como toda construção ou modelo, é impessoal, sendo representada pelo mundo da terceira pessoa do plural. O futuro pode nos preocupar, mas não pode conter nada, nem mesmo sentimentos. O presente é marcado por sentimentos, o passado, por afetos que se tornam sentimentos no presente. Já o futuro, mesmo tendo representações em sentimento no presente, tais como a insegurança ou o sonho, não dispõe de afeto ou qualquer outra manifestação além do que se processa no presente.

Por isso é um mundo que, apesar de nos incluir, diz respeito a "eles". Trata-se de uma inclusão mental, uma elucubração destituída de experiência.

O sempre, no entanto, é como uma moldura, um pano de fundo ao tempo. Enquanto o tempo estabelece formas e as deforma, conforma ou reforma, o sempre responde pela essência. Sua existência nos parece imaterial como o ar – parece-nos verdadeiramente não existir. Não há fantasia que o preencha porque está além da possibilidade da dor ou do prazer. Tal como nossa "existência" antes de nascermos não se presta a julgamento. Como era? De onde éramos? Para onde íamos? São perguntas desprovidas de sentido quando pertencíamos a esse nada, ou a esse sempre. Nele não havia passado, presente ou futuro ou mesmo antes, agora e depois. O tempo não passava, ou melhor, nós não passávamos.

Sua pessoa é a segunda do singular. O "tu" que é externo ao "eu" do presente, que não inclui o "nós" do passado, e que não aceita elucubrações fantasiosas sobre o "eles" do futuro, é a pessoa do sempre. É com esse "tu" que o eu do presente dialoga a cada momento.

Todas as bênçãos em hebraico se referem ao Tetragrama como "Tu" *(Baruch Ata YHWH),* como uma presença fora da nossa existência. É verdade que o "eles" do futuro nos parece também externo. É porém um externo mental, irreal, enquanto o "Tu" é uma presença inexistente em nós, mas uma constante em nossa experiência.

A água, o presente, também pode nos iludir e querer fazer-se passar pelo sempre. Afinal o presente, em particular o "agora", parece-nos uma sequência infinita de experiências que se assemelham a um sempre. No entanto, como a água, o "agora" tem forma e está, portanto, dentro do tempo. A água pode nos fazer acreditar que não tem forma, mas ela se conforma. O ar ou os gases que se expandem, entretanto, não têm forma.* Não é apenas por acaso que a água e o ar (gases) são fronteiriços. Onde há água há evaporação. O agora é a única fronteira constante que conhecemos com o sempre. Enquanto a experiência do "agora" pode se confundir com o sempre, ambas possuem naturezas totalmente distintas.

Em resumo, há um tempo que está fora de nossa percepção do tempo. Um tempo para o qual não passamos. Um tempo em que o antes, o agora e o depois se fundem e confundem. Nossos parâmetros de percepção, no entanto, nos obrigam a estudar mais profundamente os tempos como os conhecemos – passado, presente e futuro – à luz de nosso fugidio discernimento de um tempo sempre.

---

* Esses parâmetros retirados dos elementos de nossa experiência cotidiana são metáforas cujas representações não são exatas; são, portanto, sensoriais e não mentais. Poderia-se arguir, por exemplo, através da física das partículas que o ar sim possui forma.

II.
INCURSÕES NO ANTES

Diferença entre passado e "antes"

O PASSADO É UMA CONSTRUÇÃO; o antes, por sua vez, existiu. Não importa quanta informação tenhamos do passado, ele será sempre composto de um "x" número de versões. Suas versões serão sempre um relato ou uma descrição, e ele, portanto, nunca terá realmente existido. Nem mesmo a possibilidade teórica de "todas as infinitas possíveis versões" captura a existência, porque é um "olhar", um voyeurismo do tempo. Mesmo os aromas, os gestos, as intenções, os sonhos, os desejos, as interações, a mentalidade, as concepções, as sutilezas e tantos itens mais, mesmo que pudessem ser descritos, apenas comporiam este "tempo" morto, inexoravelmente passado.

A percepção de passado é responsável por alguns fenômenos humanos importantes, entre os quais se destaca a "identidade", a "morbidez" e a "solidão". A identidade é produto da versão do passado aplicada ao próprio indivíduo. As versões de nosso passado nos dão uma sensação de identidade – de um "eu" que é protagonista de tudo que aconteceu. Este lugar de protagonista estabelece um enredo que produz a sensação de trajetória e de caminho. A morbidez, por sua vez, é a versão do passado aplicada à existência. O fato de o passado ser composto de cenas que se extinguiram e das quais já fizemos parte deixa em nossa memória contornos mórbidos sobre a efemeridade. Aconteceu e não é mais, não está mais. Esta percepção se torna inegável e, muito mais do que o postulado meramente teórico sobre nossa finitude, produz certeza sobre a morte. A morte não é real, mas o que já foi e não é mais, isso é absolutamente concreto e real.

Já a solidão, trata-se da versão do passado aplicada aos outros. O fato de termos nosso destino totalmente desvinculado dos outros nos traz o discernimento de nossa solidão. Não importa o quão juntos estejamos dos outros, nosso destino é particular.

Estas três percepções, no entanto, são as formas específicas com que se manifesta a "ignorância" causada pela ilusão de existir um tempo passado. Todas, sem exceção – identidade, morbidez e solidão –, são ilusões ou miragens produzidas pela existência.

O "antes", porém, existe. Como uma experiência viva que nos constituiu e que é parte de nós, o "antes" não faz fronteira com o "agora", como faz o passado com o presente. O "antes" desemboca no "agora". Como combustível da transformação e da transitoriedade, ele chega funcionalmente ao "agora", que por sua vez produzirá o potencial do "depois". O "antes" é apenas um componente da experiência de "antes-agora-depois". No processo de transformação o "antes" representa o elemento da "criação"; o "agora", o elemento da "revelação"; e o "depois", o elemento da "redenção". O "antes" é a matéria-prima da impermanência e teve que ser "criado". Esta é provavelmente a melhor tradução da primeira frase da Bíblia: "Com o 'antes' *(bereshit,* através do 'antes'), D'us criou os céus e a terra." O primeiro "agora" foi um umbigo do "sempre". Mas ao ser sucedido por um novo "agora" criou-se o "antes", estabelecendo um moto-contínuo de "agoras e depois". Estava criado este universo ao criar-se uma experiência de tempo particular.

AS QUATRO MEMÓRIAS DE "ANTES"

Todo o "antes" foi em algum momento um "agora", ou seja, foi um momento "revelado", inédito e irreproduzível.

Para os rabinos, a natureza de uma "revelação" tão mágica como o "agora" só poderia ser descrita pela metáfora utilizada na Revelação do Monte Sinai no recebimento das Tábuas da Lei.

Segundo eles, a "revelação" seria guardada ou preservada de duas formas – em pergaminho ou esculpida na pedra. Essas duas formas de preservar a memória da "revelação" (o agora) eram emblemáticas de dois processos internos de nossa lembrança.

O primeiro, o pergaminho, é um meio que permite receber sobre sua superfície a tinta. Essa tinta, por sua vez, produz o texto que com ela foi escrito e ao mesmo tempo, e não menos importante, o contexto que é constituído do entorno branco que circunda o desenho das letras feitas com essa tinta.

O pergaminho seria a memória que podemos acessar ou a memória voluntária, e que se subdivide em duas áreas: 1) explícita (texto impresso sobre o pergaminho), que é como lembramos dos acontecimentos e sentimentos, ou 2) implícita (branco que circunda o texto), que deduzimos da realidade que circunda nossa lembrança explícita. Posso lembrar de uma desavença, por exemplo, para somente anos depois entender inúmeras circunstâncias que propiciaram aquela experiência. Não se trata apenas de uma análise posterior, mas de uma verdadeira memória de coisas que, por uma razão ou outra, decidimos ocultar e que é responsável por lembrar-nos de nosso passado da maneira que lembramos. Resgatar essa memória implícita é parte do processo de terapia psicanalítica. Tal é a força da participação deste "contexto" na experiência que, uma vez revelado, altera por completo a compreensão do texto ou da memória afetiva do passado. Não podemos mudar o passado – abandonar dores antigas ou desfrutar de prazeres passados –, mas podemos modificar a maneira com que o "antes" atua no "agora".

No entanto, o que mais nos interessa é a memória no sentido da "escultura em pedra" ou involuntária. A imagem de Tábuas da Lei é bastante intrigante. Diferente do pergaminho, o esculpir não gera nenhum outro material, como a tinta que se sobreponha à pedra. É a própria pedra que é retirada. As letras esculpidas (texto) são parte da pedra (contexto). Não é possível, portanto, lembrar de um texto como sendo objetivo e de um contexto dedutível de forma separada. O texto e o contexto são uma única coisa.

A memória esculpida é de natureza involuntária. Ou seja, como os atos voluntários que são comandados pelo nosso desejo, possuímos também movimentos involuntários, os chamados parassimpáticos, como a respiração ou funcionamentos de órgãos que são orquestrados sem a participação de nossa consciência. A memória involuntária também se subdividiria em duas: explícita e implícita.

A explícita está esculpida e encravada em nós através da história de nossa formação como indivíduos, incluindo a história de nossa família, a história de nossa espécie, a história da vida, a história da matéria e a história da realidade. Trata-se de informação da qual dispõe o nosso corpo, mas cuja memória não dominamos. Para dominar algo mentalmente precisamos de contrastes e diferenciações e a escultura não as fornece de forma clara. Como cegos, reconhecemos os contornos do texto que possibilitou chegarmos até este aqui, neste momento e deste jeito. Mas ele não é apreensível, pois não é uma memória voluntária. Quando a experiência vivida ou o texto se confunde com o contexto, com o meio de onde é extraída, a isto chamamos "existir". E esta memória de existir vai muito longe no passado. Temos memórias ancestrais e memórias evolutivas que constituem memórias de existência mesmo que não possamos acessá-las conscientemente.

Este seria um metatexto, pois ao mesmo tempo que "descreve" a realidade, se confunde em natureza com o contexto ou com a própria memória.

MEMÓRIA	MUNDO	LEMBRANÇA	TEMPO	MEIO
VOLUNTÁRIA EXPLÍCITA	FÍSICO	INFORMAÇÕES MANIPULÁVEIS	TEXTO	TINTA no PERGAMINHO
VOLUNTÁRIA IMPLÍCITA	EMOCIONAL	INFORMAÇÕES DECIFRÁVEIS	CONTEXTO	ENTORNO BRANCO no PERGAMINHO
INVOLUNTÁRIA EXPLÍCITA	INTELECTUAL	REMINISCÊNCIAS MANIFESTAS	METATEXTO TEXTO e CONTEXTO IDÊNTICOS	PEDRA ESCULPIDA
INVOLUNTÁRIA IMPLÍCITA	ESPIRITUAL	REMINISCÊNCIA IMANIFESTA	METACONTEXTO	PEDRA ESCULPIDA VAZADA

Haveria, no entanto, uma outra forma involuntária e implícita encravada em nós. Trata-se de um componente na memória involuntária que pertence a um tempo em que não existíamos. Tal como o Criador não existe nesse tempo transitório do qual todas as outras memórias são constituídas, nós também teríamos uma parcela de "imagem e semelhança" que nos dotaria de uma "não existência" no tempo. Este vazio, este nada de nossa inexistência seria como o entorno branco do pergaminho na dimensão da pedra esculpida. Seria o que os cabalistas conheciam como o esculpir que vaza a pedra de lado a lado. Não apenas não se tem tinta, ou seja, texto e contexto são feitos da mesma essência na pedra esculpida, mas desta vez o nada, o vazio, é que determina o texto e para os dois lados da pedra. O que o branco representa para a tinta, o vazio representa para a escultura.

Ao mesmo tempo em que o nada é o texto dessa pedra, confunde-se em natureza com o contexto do objeto "pedra esculpida" cujo entorno é também o vazio, formando, portanto, o que denominaríamos de um "metacontexto". Nessa esfera o que existe, o texto (feito de vazio), é da mesma natureza do contexto (vazio externo) de seu contexto (a pedra).

Há plantada em nós uma inexistência que define um texto em nossas vidas e que nos permite conhecer o "metacontexto" de nossa existência. Essa memória de pedra-esculpida-vazada é registro de nossa inexistência.

Tempo regresso

Para retrocedermos às fronteiras do "nada" no passado temos que fazer uso do "antes". Através do "antes" podemos regredir no tempo com a intenção de tangenciar o passado, buscando, em vez de mergulhar nele, dele nos desprendermos. Só assim podemos ser arremessados para fora do tempo passado e penetrar neste metacontexto no qual o "antes" (mas não o passado) está imerso.

Para empreendermos uma jornada desta natureza em tempo regresso, temos que atingir o limiar de um "antes" tão longínquo que nos permita sair do passado e permanecer na realidade do antes. É, portanto, um "antes" que vai para além da memória voluntária e que faz incursões por uma realidade que não possui textos e contextos dedutíveis.

É claro que *não* seremos bem-sucedidos neste intento e este reconhecimento se faz necessário antes de embarcarmos nesta jornada. Não seremos bem-sucedidos justamente por ser a nau desta viagem feita de "tinta" e de "pensamentos". Ambos não pertencem ao mundo da escultura, quanto menos do vazio, e estarão sempre nos deixando frustrados a um passo de onde gostaríamos de chegar, barrados nas alfândegas da existência. Porém, a simples experiência de chegar-se a essas fronteiras é repleta de mistérios e maravilhamentos.

Contaremos, no entanto, com dois importantes instrumentos.

O primeiro deles é o conto. Os contos possuem uma característica importante, pois nos permitem usar o intelecto sem recorrer ao modelo do pergaminho. Um conto consegue ser uma experiência ao mesmo tempo em que é uma narrativa. Funciona como um esculpir que não diferencia texto e contexto. Em particular vamos buscar um conto-guia de um mestre muito especial. Trata-se de Reb Nachman de Bratslav, para muitos a principal fonte da qual Kafka bebeu. Entre seus méritos estava o dom de se fazer um canal por onde o inconsciente e as profundezas do ser fluíam à superfície como incandescentes jorros de lava. Suas máximas sobre alegria e desespero despejam este material bruto trazido das profundezas humanas.

O segundo é o mito. Enquanto o conto é o recurso individual para deixar fluir o inconsciente, o mito é o recurso coletivo. Vamos, portanto, eleger o mito bíblico da Criação como um segundo instrumento. O cruzamento deste conto sobre as origens e o mito das origens pode ser um poderoso instrumento para entendermos onde nossa história e nosso passado estão esculpidos.

... Aconteceu certa vez quando um navio singrava o mar.

Veio então uma tempestade muito forte e o navio se partiu, mas as pessoas se salvaram. Elas subiram numa torre bastante alta, e na torre encontraram roupas, comida e vinho e tudo de bom. Para passar seu tempo, propuseram umas às outras: "Vamos cada um contar a história mais antiga que nos venha à cabeça, e veremos quem tem a memória mais arcaica."

Velhos e jovens estavam entre eles, e o primeiro a falar foi o mais velho de todos e seus cabelos já eram brancos por conta do tempo.

"O que posso lhes contar?", disse ele. "Eu ainda me lembro quando a maçã foi cortada do galho."

Apesar de se encontrarem entre eles muitos sábios, nenhum compreendeu o sentido de sua história, mas todos concordaram que era de tempos muito antigos.

Então o segundo mais velho em idade disse: "Esta é realmente uma história muito antiga! Eu, no entanto, lembro quando isto aconteceu e me lembro ainda antes... quando a vela ainda estava acesa."

Todos concordaram que esta era uma história ainda mais antiga que a primeira, e se admiraram como uma pessoa mais jovem poderia se lembrar de algo mais antigo; pediram então ao terceiro mais velho que lhes contasse uma história, pois chegara a sua vez.

"Lembro-me até mesmo de quando a fruta começou a crescer", disse ele, "pois a fruta estava apenas começando a tomar forma."

"Esta é uma história, sem dúvida alguma, ainda mais antiga", todos concordaram. E o quarto mais velho se pronunciou: "Eu lembro de quando a semente foi trazida para ser plantada na fruta"; o quinto disse: "Lembro-me do sábio que pensou sobre a semente"; o sexto, que era ainda mais jovem, declarou: "Lembro o gosto da fruta antes mesmo que o gosto entrasse na fruta"; o sétimo disse: "Eu me lembro do aroma da fruta antes que a fruta tivesse um aroma"; o oitavo, porém, arrematou: "Pois eu me lembro da aparência da fruta antes que a fruta pudesse ser vista, e eu ainda sou uma criança."

O narrador da história, o mendigo cego, disse: "Saibam que eu era o mais jovem em anos entre todos naquela torre, e depois que todos falaram eu me pronunciei: 'Eu me lembro de todas estas coisas e mais, eu me lembro da coisa que é o Nada.'"

Todos que lá estavam concordaram que a minha história era de algo muito distante, de um longínquo passado, mais antigo do que todos os outros acontecimentos, e se admiraram da criança cuja memória ia mais longe do que a memória da pessoa mais velha. E então ouvimos o bater de asas nas paredes da torre e vimos uma grande águia.

Ela disse: "Vou retirá-los desta torre, o mais velho primeiro e assim sucessivamente, de acordo com a idade." E então ela tomou-me primeiro e o mais idoso em anos ela tomou por último. Quando estávamos todos já fora da torre, ela nos disse:

"Posso explicar-lhes todas as histórias que vocês contaram; pois aquele que se lembrou quando a maçã foi cortada do galho lembrou-se como em seu nascimento foi cortado de sua mãe; a vela incandescente, era o bebê no ventre de sua mãe, pois está escrito que quando a criança está no útero uma vela fica acesa sobre sua cabeça; e aquele que recordou quando a fruta começou a crescer, lembrou-se de como os seus membros começaram a se formar no útero materno; quem lembrou como a semente foi trazida, recordou como foi concebido; e aquele que relembrou a sabedoria que criou a semente lembrou de quando a concepção ainda estava na mente; o gosto que precedia a fruta, era a memória da Existência *(nefesh);* o aroma, o Espírito *(ruach);* a visão, a Alma *(neshama);* mas a criança que lembrou do Nada foi mais longe no passado do que os demais, pois se recordou do que existia antes da Existência, do Espírito e da Alma; relembrou-se da vida que pairava sobre o limiar da eternidade."

Sete mendigos, **Reb Nachman de Bratslav**

O MAIS ANTIGO VIVE NO MAIS NOVO

Uma das intenções nítidas deste conto de Reb Nachman é perturbar nossa noção acerca do tempo. Sua lógica se baseia na ideia de que o mais antigo é na verdade o mais novo e o mais novo o mais antigo; e sua estratégia constitui-se em cercar o Nada por seus próprios limites. Quando chegamos a este mundo, se por um lado não temos experiência alguma sobre a realidade e sobre o tempo, por outro carregamos uma misteriosa memória por sermos imigrantes do Nada. Um bebê está mais perto do vazio da inexistência do que o velho, apesar de o último estar mais próximo de reencontrá-lo.

Este ciclo de Nada-existência-Nada permite ao velho maior memória voluntária, mas faz do mais jovem alguém mais íntimo da memória involuntária. O velho tem muitas memórias explícitas e implícitas de sua caminhada pela realidade, memórias que pode manipular relembrando-as, analisando-as ou simplesmente ficando delas saudoso. O bebê, por sua vez, está imerso nas informações involuntárias. Geneticamente ele sabe o que fazer porque sua memória tem registros de etapas e processos a serem empreendidos. Porém, para além desta já inacreditável memória nele esculpida, está essa familiaridade com o Nada que o conto *Sete mendigos* tenta capturar.

O tempo do bebê ainda é deformado pela proximidade com o Nada. Ele dorme a maior parte de seu dia e sua percepção do tempo é de que este é infinito. Para ele o tempo se mede por intensidades e não por comprimento. É possível que o tempo do sempre seja também mais uma medida de intensidades do que de sequências. Como se houvesse um tempo vertical, diferente deste tempo horizontal que experimentamos durante a existência. Algo como experimentamos nos sonhos onde a sequência é necessidade apenas do indivíduo que desperta e tenta recobrar a lógica de um tempo desconhecido. A experiência, além de frustrante, revela o tempo sequencial como impotente no resgate de uma experiência vivida por outra dimensão temporal. A realidade do tempo sequencial parece mais organizada e mais sofisticada porque serve aos propósitos de controle e manipulação. O pensamento precisa da bengala de um tempo sequencial para não se tornar refém de uma realidade que não pode ser apreendida.

Assim sendo, o "antes" é o que precede o "agora", para ele há sempre um "depois". Num tempo vertical há apenas o "durante". Neste, por outro lado, perdura uma medida absoluta que funde "antes" e "depois" em um "agora" permanente. O bebê e nossa memória infantil ainda se recordam destas experiências tangenciais.

Reb Nachman inicia nos posicionando em relação à própria realidade. O tempo é uma perturbação na eternidade. Daí a ideia de "um navio que singrava os mares" como imagem de uma realidade no sempre. E veio então uma tempestade e rompeu o navio. Essa tempestade é a perturbação do tempo sequencial que rompe o sempre e coloca as pessoas numa "torre bastante alta, e na torre encontraram roupas, comida e vinho e tudo de bom". Na torre da realidade da existência há a vivência de "tudo de bom". É o tempo sequencial e sua impermanência que na verdade produzem os conceitos de "bom" e "ruim". O "bom e o ruim" ou o conceito de "bem e mal" são substratos da existência do "antes" e do "depois", como abordaremos mais à frente.

Uma vez na "torre" – na existência –, os habitantes da torre tentam fazer uma regressão ao mais antigo e descobrem que os mais novos se lembram do mais arcaico. O tempo parece sequencial de forma regressa, mas vai tangenciando o "antes" interno em vez de se fixar no passado externo. O que lhes permite vislumbrar um pouco de sua memória involuntária é a águia. A águia é o símbolo que dá asas para que se possa ver a realidade do alto – de forma vertical. É um símbolo predador e oferece risco, ao mesmo tempo em que se presta à audácia e alça voo carregando em suas asas a fantasia e o medo. Afinal não é incomum a imagem da águia que retira a presa de sua realidade viva e terrena carregando-a para o desconhecido. Como uma águia da morte, ela simboliza uma função da morte raramente percebida. Normalmente sua presença é temida por ser identificada com o cumprimento da execução dos desígnios da finitude. No entanto, ela aparece na torre apenas para permitir que se veja para além do tempo. Afinal, elucidar é sempre uma função fundamental da morte, que, infelizmente, empalidece diante do terror de enfrentá-la.

Essa é a razão de a águia da morte colocar sobre suas asas primeiro os mais jovens e detentores de mais visão na direção do "antes", depois os idosos, temerosos que são de seu encontro derradeiro com o sempre. A morte, em sua função elucidativa, está sempre mais perto dos mais jovens do que dos mais velhos. Feliz do velho que vê na morte seu caráter elucidativo e não apenas executivo. Esse velho se faz jovem, mas poucos alcançam a grandeza dessa conquista.

Uma vez que nossos personagens estão postados sobre as asas da águia, fica mais fácil vislumbrar, mesmo que momentaneamente, o significado contido em suas memórias involuntárias.

Assim sendo, do mais velho para o mais novo, vemos reveladas uma a uma as diversas lembranças relatadas pelos indivíduos da torre.

1. a maçã sendo cortada do galho representa o corte do cordão umbilical. A importância desta primeira lembrança está no fato de que nossa verdadeira Criação acontece quando nos tornamos separados, sós. E este é, por excelência, um ato que representa maturidade. Estamos tão preparados que já podemos ser lançados à vida.

2. a vela regride à vida intrauterina. Tal ideia provém de uma menção do Talmud em que os rabinos se questionam sobre as possíveis atividades do feto durante os nove meses de gravidez. Talvez movidos pela sensação de que o ócio seja um desperdício contrário à própria natureza da vida, os rabinos afirmam que, à luz de velas, o anjo Gabriel assume a função de tutor para os fetos durante nove meses. Sua função seria ministrar aulas e ensinar a Torá (o caminho) para seus ávidos e embrionários discípulos. Este período se faz simbólico das inúmeras tarefas que "involuntariamente" temos que empreender para existirmos. O estudo em si é a passagem de informação para que os necessários desenvolvimentos orgânicos possam se produzir.
3. o começo do crescimento do fruto, por sua vez, remonta aos primeiros estágios da existência. Se no estágio anterior de gravidez as diferenciações acontecem dentro dos próprios órgãos, regredimos agora a um momento mágico quando células idênticas vão receber incumbências diferentes. Com a mesma informação, certas células se responsabilizarão por encargos de ser sangue, outras de ser fígado e assim por diante. É sem dúvida a memória de um evento marcante.
4. a lembrança de como a semente foi trazida contém a memória dos eventos da fecundação. Captura o momento em que destinos separados se fundem na formação de um novo ser. Há novamente a marca de encontros e separações. Um conjunto de informações se funde com outro conjunto de informações, gerando um terceiro conjunto.
5. a recordação seguinte, a lembrança da sabedoria que criou a semente, remonta a um tempo quando a concep-

ção ainda estava na mente. Este é um tempo tão antigo que chega à fronteira da própria inexistência e da imaterialidade. Representa um momento anterior a qualquer individualidade. Nele somos uma possibilidade, mas ainda não temos nada que pertença à nossa própria individualidade. Seria, em termos de tempo passado, o desejo sexual que nos criou, mas na dimensão do "antes" simboliza a regressão de nossa geração para a geração anterior. Um "eu" que se perde gradativamente num outro, num "tu" que é diferente de nós, mas no qual estamos plantados como possibilidade. É um tempo no qual nossa existência regride para a vida de nossos pais.

6. quanto às três seguintes memórias, do gosto antes que o gosto entrasse no fruto, do aroma do fruto antes que estivesse no fruto e da aparência antes que o fruto pudesse ser visto, representam distintos aspectos da alma segundo o misticismo judaico. Por alma devemos entender uma presença que existe e inexiste. São as estruturas mais sutis de uma individualidade. Funcionam como uma silhueta do que existirá um dia. São como o gosto e o aroma que podemos antecipar na imaginação ao próprio degustar e à própria fragrância. Já a aparência antes que pudesse ser visto é a fronteira do tempo. Como já mencionamos anteriormente, a forma é produto do tempo e toda a aparência, mesmo que apenas um contorno sem conteúdo, está inserida no tempo. Aqui, no caso, trata-se da própria baliza que delimita o tempo e o sempre; a existência e a inexistência.

7. a última memória é a lembrança em si deste vazio. E nada melhor do que as próprias palavras de Reb Nachman: a vida paira no limiar da eternidade.

Small bang

A concepção de Reb Nachman nos leva a um momento limite do "antes" em que há um salto da inexistência à existência e que nos cria individualmente. Como o universo teria sido criado de um evento inicial, nós também experimentamos esta realidade de forma individual. Na verdade, essa jornada desde o nada é em si a memória coletiva da perturbação da eternidade que se manifesta em tempo e história. O início da vida ecoa em nós como o ruído que viaja pelo universo deste instante inicial. Afinal, teríamos também um *Big Bang* particular, um *small bang*, que determina a existência *ex nihilo*, desde o nada.

É importante mencionar que o passado não conhece esta realidade. Para o passado existe apenas a hereditariedade, ou seja, antes de nossa existência havia a existência de nossos pais e anteriormente a de nossos avós e assim por diante. O que o "antes" nos ajuda a perceber é uma conexão, um umbigo, entre o que é, entre o que existe, o que não é, e inexiste.

Mais ainda, talvez o "antes" nos ajude a perceber que dependemos da perturbação na eternidade, dependemos do tempo para existirmos.

Nossa existência tem que ser inventada no tempo, ela é uma percepção que inexistia até um dado momento. Da mesma forma que as células que formam os olhos nos permitem ver, não há nada *a priori* para ser visto. É o efeito de se ter olhos que produz as cenas e as paisagens. Com olhos podemos conhecer as formas, podemos trafegar pelas marcas do tempo sequencial. Criamos um efeito especial para perceber efeitos especiais. Mas nenhum deles, seja o "efeito olho" ou o "efeito de coisas para ver", é em si a realidade.

Possuímos forma unicamente por conta da história surgida após a perturbação na eternidade coletiva que nos fez, a tudo e a todos, parte da Criação. Somos coletivamente algo inventado, como um jogo, um efeito, sobre um pano de fundo distinto. Somos um destino coletivo, produtos de uma intenção que nos é oculta e nos escolta.

Mas em meio a esta percepção do tempo que molda tudo que existe, ainda experimentamos um outro "efeito" de natureza individual que é o nosso nascimento. Se por um lado o DNA e a memória involuntária explícita são nossa história pregressa até os limites do sempre, por outro dispomos de uma outra "memória" particular relativa à passagem do nada para a sensação de existência. O caminho da inexistência para a existência nos é conhecido por conta da experiência de sermos introduzidos a um tempo pessoal, particular. Nossos filhos, netos e assim por diante continuarão a contar a história da perturbação no sempre. Ao indivíduo resta a intimidade com o "nada" e com o "sempre" que margeiam seu nascimento e morte.

Enquanto os astrônomos buscam ruídos e vestígios da fronteira do "antes" no mundo externo, o místico sabe que contempla em si um ruído de natureza semelhante. É o ruído do nada e do sempre que reverberam em nós. Mas é importante ressaltar que o ruído é semelhante, mas não é idêntico. Nossa passagem da existência para a inexistência e vice-versa não é a passagem de uma essência como muitas vezes queremos acreditar. É apenas uma percepção, um efeito de se mergulhar no tempo sequencial ou de se sair dele.

A crença de que há uma essência que se transmite é uma expressão de desejo. É a tentativa de carregar para a eternidade a sequencialidade do tempo e garantir-nos a existência. Devemos ser cuidadosos com esta ilusão para que não se torne um portal ao desapontamento e ao desespero.

Aliás, uma digressão imprescindível é mencionar a relação de Reb Nachman e o desespero. Para ele o desespero é parte do estudo do tempo. Não é por acaso que em português o desespero se traduz por "carência de espera". A experiência do desespero está intimamente ligada com o apego ao tempo sequencial. Um indivíduo precisa esperar por algo. A sensação que nos ronda e assombra a todos os momentos é de que perderemos nosso lugar neste tempo de esperas. Nesta dimensão em que o "agora" é sempre sucedido pelo "depois", não poder ansiar por esta sucessão é vivido como uma experiência insuportável.

Para Reb Nachman o desespero só pode ser verdadeiramente neutralizado pela memória do Nada. O resgate desta memória faz do velho um jovem. Retira o velho de um limite no futuro e o recoloca num limite passado. Produz nele, em vez do terror do desconhecido, o conforto do familiar. Terror que só cresce no decorrer da passagem do seu tempo, marcado pela sensação de desesperos menores e da chegada de um derradeiro e absoluto desespero – o momento em que não mais se esperará por um "depois".

De qualquer maneira, *small bang* seria a proposta de que a concepção de nosso universo particular nos expõe ao tempo não sequencial. O *small bang* não é uma intervenção no tempo, uma tempestade como Reb Nachman descreve. O *small bang* é apenas uma sensação, uma reprodução constante de entradas e saídas do tempo sequencial. O que isto quer dizer é que nosso nascimento não é uma intervenção no sempre, mas a continuidade da história de uma perturbação no tempo que ocorreu no início da Criação e na qual tudo e todos estão imersos. Nossos genes não são nossos, mas parte de uma história que não pertence ao nosso ego e da qual possuímos apenas a memória involuntária.

Por isso não podemos impor ao ato de nosso nascimento a mesma relevância que conferimos ao ato da Criação. Nosso nascimento está incluído na Criação, não é um ato de Criação. Mas a sensação que cada um de nós experimenta ao fazer parte deste tempo sequencial produz uma memória desta "entrada". Não podemos regressar ao "sempre" pelo nosso nascimento, mas podemos a partir dele vislumbrar o "sempre". Esta é a lembrança do mais jovem que se recorda dos tempos mais arcaicos, o antes que se desfaz.

A eternidade não tem fronteira com o indivíduo, mas apenas com tudo que existe, com o universo. A eternidade só faz fronteira com o coletivo da realidade. Só o "antes absoluto" descrito na gênesis do Universo, o *be-reshít* (o começo), e o "depois absoluto" são fronteiras com a eternidade. Essa é a ideia mais difícil de apresentar a nosso ego – a de que não temos uma história particular. Não entramos e saímos da vida por portais que nos levam à eternidade. Nossa história permanece no tempo sequencial. Afinal, nossa história é a continuidade que nada mais é do que o nosso passado acrescido de nossa história particular.

A consciência cria este efeito no qual a vida e a morte passam por um portal. Quem chega a este mundo ou quem parte deste mundo sairia então do tempo sequencial. Essa é nossa experiência mais corriqueira e dramática. Porém, essa sensação é apenas um efeito, porque, como dissemos, ninguém entra ou sai deste tempo sequencial individualmente, as fronteiras são coletivas. A sensação, porém, é indubitavelmente real para quem existe e tem consciência. Esta é a imagem que se tem quando se está dentro deste tempo sequencial.

Mas uma vez que nossa ida e vinda individual ao "nada" é um mero efeito e não uma essência, de que nos serve a regressão a esta fronteira do antes de existirmos? Esta fronteira não seria uma mera ilusão?

Como o sonho não é real, mas tem profundas ligações com nossa realidade, nossa passagem pelos portais da existência não é real, mas nos permite profundas ligações com a realidade. O "nada" individual é uma espécie de inconsciente da existência, um sonho que nos revela as dimensões implícitas na existência, mas que são externas à própria existência. Mesmo que a entrada individual no tempo sequencial seja uma ilusão, nos ajuda a esboçar um tempo que nos é tão difícil compreender. No esforço de trabalhar com silhuetas precisamos valorizar os efeitos mesmo que não sejam essências.

Na busca de melhorar o foco desta silhueta que estamos tentando esboçar, vamos fazer uso de um segundo filtro sobre nossa memória. Façamos então uma dupla regressão. Se, por um lado, Reb Nachman nos oferece uma proposta de regressão individual que resgata a sensação de retorno ao "nada", por outro, a cultura nos disponibiliza também uma memória coletiva de retorno ao "nada". Trata-se dos dias da Criação descritos no texto bíblico de Gênesis. Faremos isso com o objetivo de usar todos os recursos disponíveis no esforço de realçar e obter a mais alta definição possível de nossa memória involuntária. Lembremos, no entanto, que se trata de reconhecer perfis e silhuetas abrindo mão de expectativas por plena nitidez.

DIA	GÊNESIS do Universo	GÊNESIS do Indivíduo	ILUSÃO do TEMPO
FIM DO 6º DIA	CORTE E INGESTÃO DA MAÇÃ	CORTE DO CORDÃO UMBILICAL	PARTE DE NÓS FICA NO PASSADO SOMOS MUTILADOS PELO TEMPO
	ADÃO E EVA ROMPEM COM O PARAÍSO	ROMPIMENTO COM O PARAÍSO UTERINO	TEMPO É UMA FORÇA EXTERNA QUE EXPULSA
6º DIA	GUARDIÕES DO PARAÍSO	TRABALHO DE PARTO	IRREVERSIBILIDADE DO TEMPO
	CRIAÇÃO DOS HUMANOS E MAMÍFEROS	FORMAÇÃO DE MEMBROS EXTREMIDADES	FORMA E REGRAS DO TEMPO FORMA E TRANSITORIEDADE
	FORMAÇÃO DAS ESPÉCIES	FORMAÇÃO DE ÓRGÃOS	DIREÇÃO DO TEMPO
5º DIA	CRIAÇÃO DOS PEIXES RÉPTEIS E AVES	FORMAÇÃO DE FETO DIFERENCIAÇÃO DE CÉLULAS IDÊNTICAS	DIFERENÇAS PRODUZEM A SENSAÇÃO DE INDEPENDÊNCIA E INDIVIDUALIDADE
4º DIA	SOL E LUA CRIADOS	FUNÇÕES PARASSIMPÁTICAS	CICLOS/RELÓGIOS
	DIA E NOITE	SONO – INGESTÃO E EXCREÇÃO CONTRAÇÃO E EXPANSÃO DO CORAÇÃO	CAUSA E CONSEQUÊNCIA
3º DIA	ERVAGEM	NIDAÇÃO	PERCEPÇÃO DA EXISTÊNCIA
	TERRA-SECO ÁGUAS-MARES	SUSTENTO E FOME	INSTINTO ORGÂNICO RESISTÊNCIA À MORTE
2º DIA	SEPARAÇÃO DAS ÁGUAS DE CIMA E DE BAIXO	EXPLOSÃO CELULAR PÓS-FECUNDAÇÃO	SENSAÇÃO DE INDIVÍDUO DIFERENCIADO EXPERIÊNCIA DO "AGORA"
1º DIA	BERESHIT BIG BANG/EX NIHILO	INSTANTE DE FECUNDAÇÃO	INÍCIO DO TEMPO PERTURBAÇÃO NO SEMPRE

FINAL DO SEXTO DIA

O livro do Gênesis tem como objetivo em seus capítulos iniciais reproduzir uma regressão à memória involuntária coletiva. Sabemos disso tanto pela estrutura do texto que apresenta a Criação passo a passo, dia a dia com suas evoluções e novidades, como também pelo recurso literário que visa a dar um tom surrealista a sua descrição. Os personagens de Gênesis têm uma longevidade absurda como forma de nos mostrar que esta memória não está preocupada ou talvez nem disponha de acuidade. São aproximações como são todas as memórias arcaicas. Tal qual as crianças registram os objetos como tendo proporções gigantes ou um período de tempo possa parecer-lhes uma eternidade, assim é a memória infantil e arcaica de Gênesis. Suas medidas são distorcidas porque não há uma memória organizada, baseada em comparações e análises. Não se trata da intenção de capturar uma memória viva na consciência, mas resgatar apenas resquícios e reminiscências esculpidos em nós.

A criação do ser humano que aparece no texto bíblico no sexto dia só é concluída no episódio de desobediência de Adão e Eva, quando arrancam o fruto da Árvore da Sabedoria. Até aquele momento, fica claro, o processo de gestação não havia sido concluído. É seu ato de independência, representado pelo ato de desobedecer, que simboliza o corte com o mundo protegido do Paraíso. No Jardim do Éden o ser humano ainda não se diferenciara do universo que o precedeu.

Da mesma forma, o corte do cordão umbilical é um evento irreversível que marca independência e diferenciação. Até esse momento, o bebê se assemelha a um apêndice da mãe. Sua nova geração não se confirma até este ato. Como se o bebê ainda estivesse apegado à realidade da geração que o precedeu.

O significado desse momento ultrapassa as dimensões de qualquer memória voluntária. Mesmo que pudéssemos ter acesso às impressões sensoriais daquele instante que, de alguma forma, foram registradas, há esculpida em nós uma nova realidade que diz respeito a uma geração posterior que se diferencia.

O portal do Paraíso que é vigiado por guardiões com espadas flamejantes é o portal que separa as gerações. Trata-se do tempo sequencial que impõe a irreversibilidade garantida pelos guardiões.

Por sua vez, a desobediência ou o livre-arbítrio representam os pilares do tempo sequencial em nossa consciência. A concepção da causalidade, o arcabouço básico de nossa percepção de causa e consequência, advém da possibilidade de decidirmos e de conhecermos o livre-arbítrio. É com este olhar que passamos a compreender o mundo a nossa volta. Formulamos então pela primeira vez a conclusão "se aconteceu isso... então aconteceu aquilo".

O final do sexto dia, portanto, marca o advento da consciência e o clímax da criação do tempo sequencial. É o momento que coroa a existência deste tempo, momento em que a própria Criação o reconhece como estrutura fundamental de sua realidade. Gênesis seria então o relato deste evento extraordinário quando a eternidade foi perturbada gerando um tempo sequencial.

O nascimento e o ser partido da mãe são lições importantes sobre a estrutura da vida e do tempo. A expulsão da mãe ocorre em estágios: há o parto (ato de partir, separar), o corte do cordão umbilical e o desmame. Esses estágios se preservam em memórias que perduram por nossa existência construindo nossa percepção do tempo. A evolução, a passagem do tempo, é vivida como sendo sempre uma experiência prematura. Todo nascimento é prematuro. Dizia Bion*: "Nós levamos muito tempo para perdoar nossa mãe pelo fato de termos nascido." A mãe é limitada, não consegue nos conter para sempre. E do parto fica a sensação de que parte de nós ainda permanece dentro de nossa mãe. É uma sensação carnal de parto representada pela placenta – um resíduo de nós em nossas mães. Mas há também um parto

---

* Wilfred R. Bion (1887-1979) – Médico e psicanalista cujo treinamento na Inglaterra teve entre outros mestres Melanie Klein.

de memória. Fica para trás a lembrança de fazer parte de uma geração anterior.

O tempo se mostra como uma força externa que nos empurra para o futuro independente de nossa vontade. A mãe é esta força que nos faz parir, que nos arranca de nossa ancestralidade e nos separa da geração anterior. A inércia do neném depende do esforço para fora da mãe para existir. Não fosse pela mãe o bebê, com certeza, permaneceria.

Como a mãe, Deus expulsa do Paraíso. Ambos são inventores do tempo sequencial para aqueles que adentram este mundo. Somos expulsos para poder viver, mas não compreendemos isso. Nossa percepção vive essa expulsão como uma punição, como uma expressão de raiva.

A expulsão do Paraíso é marcada com a maldição através da qual Eva sofreria as dores do parto. As dores do tempo sequencial são dores constantes de estarmos sendo arrancados do presente em direção a um tempo futuro. O "antes" do qual somos saudosos foi um "agora" do qual fomos arrancados, paridos. O nome de Eva, *Chavá,* significa vida. Quem gera a vida também engendra a dor. É dor de parir, mas é dor também de ser parido. É a dor constante do exílio expressa por um tempo que não espera, que expulsa e empurra. Um tempo que molda a todo instante.

E como a mãe que nos mutila ao ficar com parte de nós através da placenta, assim é o tempo: nos mutila com a sensação de que parte de nós ficou para trás.

SEXTO DIA

O sexto dia é o dia de criação dos homens e dos mamíferos. É o dia que marca o nascimento e o registro da perplexidade daquele que se torna existente. A consciência que adquirimos pela vida afora é a mera ponta do iceberg daquilo que nos é revelado ao nascermos. O processo em si é marcante o suficiente para nos acompanhar por toda a vida. A descoberta que o útero materno, esse lugar nirvânico, se torna gradativamente estreito e desconfortável é a lição matricial da vida – não haverá nenhum lugar definitivo. O exílio que se institui ao nascer é, como na história de Gênesis, "uma maldição" que nos acompanha pelo tempo que durar a consciência. O estreitamento de lugares outrora amplos é parte da percepção de transitoriedade do tempo e do fato de estarmos sendo constantemente moldados. Nossa forma que expressa temporalidade é tão transitória quanto o tempo que nos circunda.

Essa lição é, sem dúvida, ministrada pela morte. É das reminiscências desta intimidade com o anjo que nos recordamos. Ele nos revela sua face durante os meses da gravidez enquanto nos ensina. Guardião que é do portal da vida e da morte, cabe a ele introduzir-nos à realidade deste tempo sequencial. Suas lições correspondem ao desenvolvimento dos membros e dos órgãos durante a gestação e são, em si, a própria experiência do processo de tomar forma. Este tutor é responsável pelo primeiro contato sensorial com o tempo e com sua passagem inexorável.

Quando Reb Nachman seleciona a lenda talmúdica na qual um anjo ensina a Torá (o caminho) à luz de vela, busca duas associações. A primeira é a ideia de que há um aprendizado inerente em tomar-se forma. Lições que serão relembradas seja pela criança em seus estágios de desenvolvimento, pelo adolescente em puberdade, pelo adulto que matura ou pelo velho que decai. Este último compreende que a decadência da forma também é parte da própria forma e do tempo sequencial. Enfim, percebemos o tempo primordialmente em nossa própria passagem.

É em nosso corpo e em suas transformações que descobrimos entalhada em nós a realidade deste tempo eterno que foi perturbado em finitudes e em ciclos. Vemos isso em nós, em nossos filhos e netos.

Muitas vezes essa noção de um aprendizado pré-natal parece ser uma reedição da noção aristotélica de que todo o aprendizado é apenas uma recordação. Já nascemos sabendo, mas esquecemos. Assim sendo, tudo o que aprendemos nos traz uma sensação de familiaridade, arrancando-nos interjeições e suspiros saudosos. E talvez seja assim mesmo. Não que se trate de um saudosismo de um aprendizado que diga respeito a conteúdo. Não creio que um anjo nos ensine matemática ou qualquer matéria objetiva. Mas através da experiência gradativa de sermos gerados, nos são passados segredos evolutivos que recontam a história de nossa origem.

Dessas lições esculpidas sobram aromas e cenários que nos fazem nostálgicos. E tal como relata a lenda, permanece em nós uma lembrança esquecida, um *fog* que nos é familiar. Segundo esta, o anjo ao findar o período de instrução nos toca com o dedo na região entre o nariz e a boca e esquecemos tudo que aprendemos no ventre. Essa talvez seja a maneira que tem o Talmud de nos falar sobre as memórias implícitas que existem sob a forma de lembranças-esquecimento.

Sermos formados, portanto, nos ensina sobre o tempo sequencial, sobre uma realidade que vamos conhecer de perto por todos os dias de nossa existência. Aprender significa que já estamos com um pé em uma nova geração. É a lembrança deste anjo-tutor, porém, que resgata reminiscências de um mundo antes de um tempo sequencial.

Nossa formação é a maneira de ingressarmos na causalidade e em nosso tempo.

A Criação segundo o relato bíblico, assim sendo, mimetiza a experiência individual. A criação dos mamíferos e do próprio homem é o desdobramento em órgãos e membros de nossa espécie. As vertentes ancestrais que se diferenciam em ratos ou macacos e desembocam no ser humano representam a história contada pela forma, a passagem do tempo descrita pela evolução.

E nada poderia coroar melhor a percepção da própria forma do que a imagem de si mesmo do lado de fora. Estarmos fora de nossa mãe é a prova cabal do rompimento e o tijolo fundamental sobre o qual o tempo que passa, que é transitório, se assenta.

QUINTO DIA

O quinto dia marca a criação dos peixes, dos répteis e das aves. A vida ultrapassa o estágio das amebas ou de simples conglomerados de células idênticas. A passagem de uma realidade celular para o nível orgânico é paralela à lembrança fetal. Essa é a recordação na história de Reb Nachman correspondente a quando a fruta começou a se formar.

A complexidade fetal equivale ao início da vida diversificada sobre a face da terra. Os seres aquáticos, os que se arrastam pela terra e os que voam pelos céus são troncos distintos de um processo iniciado com menos diversidade. O recurso utilizado pelo Criador é a diferenciação que, como uma explosão em cadeia, expande e amplia a forma. Essa é uma das consequências imediatas de um tempo sequencial. Como a água flui em direção ao nível do mar, as formas se diversificam naturalmente, misturando informações e produzindo diferenças e especificidades. E acaso não é a regra do tempo sequencial que tudo seja diferente a cada instante? A transformação constante de tudo se apresenta na forma que é dinâmica e, por definição, transitória. Deus não pode ter forma, pois não pertence como um feto ao mundo que caminha do antes pelo agora para o depois.

A grande experiência de um feto é perceber as transformações de sua forma. Em dado estágio esta forma lhe fornecerá capacitações inimagináveis, tais como a própria consciência. E esta é a ilusão fundamental que se constrói neste período ou neste "dia". Órgãos como o coração, o fígado ou os rins introduzem uma nova realidade. As diferenças produzem a sensação de individualidade e personalizam. Começa a se manifestar o conceito de independência que permitirá, com o clímax do nascimento, a própria separação do corpo matriz que gestou.

O tempo sequencial, como bem aponta o livro de Gênesis, traz evolução e uma novidade que o tempo da eternidade não conhece – a independência e o indivíduo. O quinto dia é responsável pela ilusão de que somos sozinhos, que temos começo e fim, seja em nosso corpo seja em nossa vida. Quanto mais se aprofunda a experiência das células que se diferenciam e executam tarefas distintas, maior a percepção de nossa existência como uma essência.

O anjo que tutela o feto no ventre materno ensina-o a funcionar no tempo sequencial. Se este não conseguir se adequar não prosseguirá em sua jornada rumo à existência. Mas a lição é clara e nos faz passar por todos os estágios de diferenciação coletiva experimentados. Afinal, o feto foi, em dado momento, célula, em outro, conglomerado de células, em outro uma estrutura orgânica e em outro um complexo sistema integrado de funções e órgãos. Nossa evolução particular é paralela à evolução coletiva de toda a vida. E a vida é um efeito de um tempo sequencial.

E viu Deus que era bom. E experimentou o feto a complexidade de sua própria diversidade corporal e viu que era bom.

Os três dias anteriores, o quarto, o terceiro e o segundo dias, representam a lembrança dos eventos nos quais a "semente foi plantada na fruta". Estes correspondem ao momento da concepção e das etapas violentas de modificação estrutural que o embrião experimenta.

QUARTO DIA

"E disse Deus: 'Sejam luminares na expansão dos céus para separar o dia da noite e que sejam por sinais e por prazos e por dias e por anos.' E fez o luzeiro maior para governar o dia; e o menor para governar a noite... para separar entre a luz e entre a escuridão. E viu que era bom! E foi tarde e foi manhã, quarto dia."

O sol e a lua são os relógios cósmicos do planeta. São eles que têm a incumbência de marcar os ciclos e os períodos. Traduzem ao nível do indivíduo a lembrança dos primeiros ciclos deste embrião recém-formado. Suas primeiras rotinas de receber nutrientes e se manter vitalizado são registro de uma recente incumbência que é se manter vivo. O sol e a luz vêm trazer a realidade dos ciclos de ingestão e excreção, inspiração e expiração. O dia dá lugar à noite, e ambos são necessários. Se ingerir parece-nos fundamental, descobrimos que, uma vez ingeridos os nutrientes, expelir seus resíduos se torna prioridade fundamental. Se receber oxigênio e inspirar parece fundamental, uma vez que o ar tenha sido inspirado, a necessidade passa a ser a expiração e eliminação de gases residuais.

Junto com o preencher (luz) vem o esvaziar (escuridão). A experiência de esvaziar remete o embrião-feto à memória antiga da competição e ao terror do fracasso iminente experimentado pelo espermatozoide.

O quarto dia produz a descoberta de ciclos. O tempo sequencial é feito de causa e consequência. A inspiração causa a expiração que, por sua vez, causa a inspiração que, por sua vez, causa a expiração, e assim por diante. A respiração é em si o próprio pulso do tempo sequencial.

Esse fenômeno dos ciclos só existe na esfera de um tempo sequencial. A eternidade não conhece os ciclos, sequer as linearidades. É com ambos, círculos e retas, que o Criador constrói o tempo sequencial e sua realidade.

A vida reverbera neste quarto dia através da novidade dos ciclos, a última etapa da semente que entra na fruta. Está formado o embrião, o projeto da vida.

TERCEIRO DIA

"E disse Deus: 'Juntem-se as águas debaixo dos céus num lugar e se veja o elemento seco.' E assim foi. E chamou Deus ao seco, terra, e à reunião das águas chamou mares. E viu Deus que era bom.

E disse Deus: 'Produza a terra ervagem que dá semente; árvore de fruto, cuja semente esteja nele, sobre a terra.' E foi assim. E viu Deus que era bom." (Gen., I: 9-13)

Esta lembrança corresponde à etapa da fixação da semente na fruta, algo que ocorre em estágio avançado deste momento inicial. Um breve espaço de tempo separa a concepção deste instante. O óvulo fecundado precisa nidar-se à parede do útero. Essa é a dimensão água-terra que encontramos na Criação do universo. A vida encontra terra firme. O que antes acontecia no trânsito por entre fluxos e líquidos encontra um seco que poderá oferecer os nutrientes para seu desenvolvimento.

Uma vez fixado à parede do útero, o embrião pode experimentar ervagem, símbolo de reencontro com a vida. Por isso essa etapa é marcada pela ansiedade de sobrevivência. Semelhante à experiência do espermatozoide que se desloca por meio aquoso em busca de seu objetivo, também aqui o fracasso significa a eliminação. Essa é a razão de Deus não perder nenhuma oportunidade de dizer: "E viu que era bom." "Bom" é o que produz e preserva a vida. Onde há "bom" há sobrevivência. Apesar de a primeira sensação de "bom" ter sido experimentada pelo espermatozoide que triunfa, essa é a primeira vez que o "bom", a sobrevivência, pode ser exultado pelo conjunto espermatozoide-óvulo, pelo embrião. Essa talvez seja a razão da duplicidade na ocorrência dessa frase. A memória parcial do espermatozoide faz desse um segundo momento de vitória. Esse embrião ganha confiança no processo de existir.

O tempo se expressa aqui justamente pelo advento do conceito de "bom". O "bom" é produto do tempo sequencial. O universo não conhecia o "bom" até que a vida e a existência surgiram. São elas que estabelecem o prazer da vitória de sua sobrevivência. Neste dia há ameaça e resgate. Surge o medo da morte que não é mais uma mera morte celular, mas uma morte orgânica. Junto com o "bom", torna-se perceptível o "ruim" e a morte.

SEGUNDO DIA

"E fez Deus a expansão; e separou entre as águas de baixo e as águas de cima: E assim foi. E chamou Deus à expansão, céus. E foi tarde e foi manhã, segundo dia."

Este é o momento imediatamente posterior à fecundação. Nele há profusão de expansão, é o período em que ocorrem modificações estruturais violentas. Como uma explosão de vida, há aumento de tamanho acelerado, ocorrendo divisões e multiplicações num ritmo fantástico. Há inchaço e estufamento que por vezes se confunde com corporificação, por vezes com destruição. A fragmentação é tão violenta que produz também uma sensação de malignidade. Aqui se constrói a mais arcaica forma do "eu". As águas de cima são a pessoa da mãe. As águas de baixo representam o surgimento deste "eu" rudimentar. Essa é a etapa da diferenciação, e este "eu" se estrutura a partir da experiência de expansão e de triunfo. A vida se afirma podendo decodificar as diretrizes e informações que contém em si mesma. Executar tarefas e reconhecer instruções para desenvolver-se constrói não só individualidade, mas também um senso de missão que é a própria definição deste "eu".

O ser que tem responsabilidade por sua vida e que tudo fará para preservá-la possui um centro e uma identidade. Como se fosse uma consciência rudimentar da existência deflagrada pelo ato de expandir-se. Afinal, é a expansão que produz o senso do tempo e este, por sua vez, manifesta um "eu" baseado na percepção de que lhe cabe um destino.

PRIMEIRO DIA

"*No princípio criou Deus os céus e a terra. E a terra era caótica e havia escuridão sobre a face do abismo e o espírito de Deus se movia sobre a face das águas. E disse Deus: 'Seja luz!' E foi luz. E viu Deus que a luz era boa; e separou Deus entre a luz e a escuridão.*"

Esta é a descrição da entrada da semente na fruta. O início é uma tentativa marcada por movimentos e lutas caóticos. De forma competitiva o espermatozoide disputa uma guerra apocalíptica. A sobrevivência é o resultado de um holocausto em que não apenas sucumbem milhões de espermatozoides, mas em que mesmo os óvulos fecundados enfrentam uma seleção natural. O caminho através do órgão genital masculino, passando pelo órgão feminino, e o deslizar do óvulo trompa abaixo refletem um mundo caótico e selvagem. Desde lá existe essa escuridão que nos persegue por toda a vida. Essa escuridão é a possibilidade do fracasso de não poder vingar e germinar. Mesmo em meio à escuridão, Deus se move por sobre as águas como símbolo da vida que ronda esse breu e esse caos. E em dado momento, em meio à confusão e à selvageria, a perspectiva de escuridão dá lugar à escolha, ao acasalamento e ao sucesso. Deus declara então: "Seja luz" e "foi luz". Dar à luz é uma manifestação do "bom", da Vida.

As condições deste primeiro dia são violentas e marcadas pela junção de aspectos masculinos e femininos. A experiência masculina é competitiva e persecutória. Milhões de espermatozoides disputando entre si não só faz o masculino experimentar a luta pela sobrevivência, mas gera nele uma dimensão fratricida. Existir significa condenar à morte um sem-número de outros iguais. Outro aspecto importante é a "coragem" do autossacrifício. Isso porque, enquanto o feminino preserva sua identidade, o espermatozoide é engolido. O masculino "não chora", não é apenas uma exigência social, mas biológica.

Pelo lado feminino, a cópula celular também é marcada por permissões que envolvem risco. Por um lado há a espera, tão tenebrosa como a espera por ser retirada para dançar em um baile de adolescentes. Mas acima de tudo o óvulo tem que experimentar o risco de permitir a entrada de um corpo estranho com material genético próprio. Essa entrega e suas implicações são parte da essência do feminino.

Essa será sempre a condição da paixão. Todo o início de uma relação que envolva risco resgata esse sentimento primevo de paixão – de um comando tão profundo que nos arrebata qualquer razão e que nos coloca em um processo no qual nossa própria integridade física fica subordinada a outra vontade.

Este primeiro dia é definitivamente marcado por resistências, mas a ordem "Seja luz" é mais forte.

SÉTIMO DIA E A INVENÇÃO DA MORTE

Na regressão em que acabamos de associar as memórias arcaicas com os dias da Criação, deixamos de fora o sétimo dia. A Criação, no entanto, é realizada não em seis, mas em sete dias. Este sétimo dia aparentemente dedicado ao Nada, ou à pausa, é parte integrante do que foi criado. Mais que isso, o Criador santifica esse dia entre todos os dias.

Qual é o significado de um dia de descanso para o Criador e por que incluí-lo como parte do Gênesis? Não seria este ato de santificar o Nada um retrocesso para um Criador que cria a partir do Nada, *ex nihilo?*

A proibição de realizar trabalhos no sétimo dia é antagônica à estrutura utilitária de nossa percepção. Tudo que existe é percebido como estando disposto para nosso uso. Um universo que não se presta a funcionar, onde buscamos não perturbar a realidade para além do mínimo necessário, é um conceito que merece atenção. Há raízes profundas de nossa existência que se beneficiam da pausa ou mesmo do "nada". Conhecemos isso de nossa fisiologia. A latência do sono e a necessidade de alienação alimentam uma tensão constante com o estado de vigilância e controle de nossa consciência. Para que dormir? Por que temos que "perder" 1/3 de nossas vidas dormindo?

Parte de nossa necessidade por pausas, incluindo a grande pausa da morte, tem sua origem em nossa descendência deste nada. O Nada nos alimenta e uma vida sem "nadas" se torna zumbi e estéril. O Talmud chamava o sono de 1/60 avos da morte. Nós trataremos também a morte como 1/60 avos do "nada".

Por que o Talmud dava esse tratamento ao sono? Como Reb Nachman comentava, a mais marcante característica do sono é o sonho e sua "distorção" do tempo. Na verdade a distorção é a da realidade, o sono apenas diminui o policiamento sobre o tempo sequencial e o encadeamento cronológico exercido pela consciência. A cada dia que despertamos, nosso sistema de "acordar" faz rodar o programa fundamental, plataforma essencial para que os olhos abertos estejam despertos. Essa plataforma é o tempo.

"Que horas são?" é, provavelmente, a primeira pergunta coerente que fazemos ao despertar. Mesmo que não façamos essa pergunta explicitamente, ela é a primeira etapa no processo de sairmos do torpor do sono. Ela representa o resgate com o ontem e com o tempo passado sem consciência. Essa pergunta é feita por quem acorda do sono, quem se reanima de um desmaio ou quem recobra a memória depois de um coma. Sem o tempo não há possibilidade de comunicação e de funcionalidade na realidade social humana.

Isso certamente não é verdade em termos existenciais. Um ser humano pode desconhecer o tempo em que está, e pode, mesmo assim, existir. Os loucos, os dementes e os velhos esclerosados fazem isso para nosso desespero. Ficamos chocados quando em contato com seres que não conseguem fazer "rodar seu programa" do tempo como uma plataforma anterior a qualquer outra função que desenvolvam. Chegamos a ponto de pensar: "Melhor morrer do que viver assim." Viver sem a plataforma do tempo nos parece insuportável. Mas nem o prazer, nem o sofrimento, nem qualquer forma de sentimento são dependentes do tempo. É possível existir sem tempo apesar de nos parecer insuportável existir sem ele. Isso porque sem tempo não há consciência. Talvez tivesse sido apropriado que Adão e Eva, além da vergonha que sentiram após comer da Árvore da Sabedoria, fizessem como primeira pergunta ao criador: "Você tem horas?"

De certa forma é isso que acontece. O Criador informa ao homem que "porquanto é pó, ao pó há de voltar!". A finitude foi comunicada ao ser humano porque este já podia avaliar o tempo e sua passagem sequencial. Mesmo as lendas rabínicas *(midrashim)* contam sobre a preocupação com a qual foram tomados Adão e Eva logo após sua expulsão do paraíso. Começaram a se dar conta de que os dias diminuíam e que as noites aumentavam. O processo que leva do verão ao inverno começou a ser percebido pelos humanos. Ainda que sua preocupação fosse exagerada, porque a partir de dado momento as noites começaram a diminuir e os dias a aumentar, os olhos humanos se abriram para uma realidade letal. Mesmo que o tempo não seja linear, mas cíclico, ainda assim ele é sequencial. Começava a história dos relógios e do tempo na consciência humana.

Mas nem por isso podemos afirmar que a morte foi inventada na expulsão do Paraíso, ela foi apenas descoberta. A invenção da morte ocorre na aurora do sétimo dia. Após tudo o que havia criado no sexto dia o Criador manifesta seu julgamento, assim diz o texto: "E viu Deus tudo que fez e eis que era *muito bom.*" Por que razão o texto utiliza pela primeira vez a expressão *"muito bom"*? Até então Deus se referia a tudo que criava e dava vida pela expressão "E viu que era *bom*".

Em relação a isso, diz o *Zohar** (vol. II, 66b):

> "Quando Deus viu que era *bom*, observava a Virtude – a vida, a bondade e a liberdade. Mas quando Deus viu que era *muito bom* observava o Mal – a morte, a maldade e Satã o promotor."

Para o *Zohar* a criação do mal e, em particular, da morte faz o Criador exclamar: "Muito bom!" Se assim é, por que a morte mereceria um superlativo quando comparada à própria vida? Tentemos entender.

Em primeiro lugar, temos que assinalar que a noção de ser a morte uma invenção posterior à vida coincide com a visão científica. Para a ciência, a morte foi um desenvolvimento evolutivo, posterior à vida. Ela estaria codificada nas próprias informações que determinam o destino dos que são vivos. A engenharia da morte é simultânea à engenharia da reprodução. São partes de

---

* Coletânea enciclopédica de comentários místicos sobre o texto bíblico. Provavelmente datando do século XII, na Espanha. Teria sido escrito por Moshe de Leon, que atribuía a obra e seus ensinamentos ao Rabino Shimon bar Iochai, do primeiro século.

um mesmo projeto ou solução. São duas etapas de um mesmo processo e um sem o outro perderiam a função e a eficiência.

A morte era "muito boa" porque se ajustava perfeitamente à vida. Como se, na produção de duas peças de encaixe, o artesão experimentasse uma satisfação especial em ver ambas as peças acoplarem-se uma à outra de forma satisfatória. Mais ainda, a existência da morte era o cordão umbilical de tudo que existe com a eternidade, em si a moldura de todo o universo criado. O sábado é a celebração desta moldura na qual tudo está inserido.

Os sábios costumavam chamar o sábado de *"me'ein olam hába"* – uma pequena amostra do mundo vindouro. Um gosto do outro mundo, ou um gosto da outra realidade que não tem tempo, que é vazia e repleta de eternidade. A plataforma sobre a qual se apoia tudo que existe é da ordem do sempre.

Segundo o *Zohar*, o advento da morte e o do sábado são o coroamento da Criação. Além do universo criado, Deus delineava suas fronteiras e conexões com o Nada.

A morte como 1/60 do Nada

Já havíamos abordado a ideia de que a morte não é um portal entre a existência e a inexistência. Apesar de ser vivida por nós como um desaparecimento do ser ou da pessoa, a morte é uma invenção posterior à "perturbação" causada no tempo pela Criação. Ela é posterior ao momento inicial que separa este tempo da eternidade. Em outras palavras, quem morre não "vai para o lugar" onde Deus está, mas retorna à mesma realidade de antes de seu nascimento. A morte não faz fronteira direta com a Criação e, portanto, quem morre não se exclui da Criação. A morte, como o sábado, é uma fronteira, sendo apenas uma alusão ou um modelo dessa realidade do nada e do que é eterno.

Quando o Talmud cunha a ideia de que o sono é 1/60 avos da morte, está nos oferecendo um paradigma. Nenhum de nós ao dormir deixa de estar vivo. Nossas funções continuam, mas nossa realidade se aproxima da morte. Não apenas porque ficamos inertes, mas porque nossa mente entra em um processo de torpor. Sabemos que o relaxamento do controle da consciência produz uma letargia capaz de desvirtuar o tempo. Há lapsos e experiências de distorção de tempo. Há momentos que se perdem sem conexão com o anterior e há momentos em que o encadeamento do tempo é feito num ritmo variável. Há momentos que são quase sequenciais, confundindo o sonho com a realidade, e há outros quando o tempo se deforma. Pode tornar-se rápido ou lento ou até mesmo desconexo. O tempo se torna uma experiência-narrativa. Ao mesmo tempo em que vivenciamos as emoções de eventos do sonho, seu destino está marcado por uma agenda predeterminada. Há um roteiro que, independentemente das etapas e associações que a mente nos fará ter, deve cumprir a tarefa de dar conta de uma ou outra força psíquica que nos comanda. As associações vão se produzindo até que satisfaçam o sentimento ou preocupação que as estimulou. O fato de todas as emoções ou vivências serem vassalas de uma emoção que as conduz a um lugar predeterminado substitui a noção de tempo. Não há apenas um destino que é um depois deste agora, mas agora já há um destino que para se fazer conhecido percorrerá futuros e passados desrespeitando a sequencialidade do tempo.

Sabemos que o sono se assemelha à morte não apenas pela perda de controle de nossos corpos e mentes, mas porque o tempo deformado nos aproxima da realidade quando o tempo não existia. Se pensarmos como era nossa experiência antes de termos nascido, não conseguiremos caracterizá-la como boa ou má. Não era um inferno e não era um paraíso. O lugar de onde viemos e para onde vamos aparece como um registro do Nada. Existiram infinidades de momentos, muitos dos quais outros mais velhos do que nós vivenciaram, em que não existíamos. Como foi o ano de 1742, para mim, é uma consideração que não faz sentido. Nenhuma forma de julgamento é capaz de se aplicar a este período. É verdade que há tradições e crenças que se baseiam na ideia de um "eu" que é eterno, que reencarna e que teria talvez sentimentos e apreciações relativas ao ano de 1742. Essas tradições, no entanto, têm que prestar contas à crítica de se esta é uma teoria ou um desejo. Toda vez que a realidade se aproxima daquilo que gostaríamos que fosse real, devemos ser bastante rigorosos e cautelosos.

O fato de a morte não ser uma fronteira com o Nada antes da Criação significa, na verdade, que não somos inexistentes como Deus é, antes e depois da vida. No tempo em que não éramos nascidos e posteriormente à nossa morte, continuamos parte da realidade de uma eternidade que foi perturbada. A matéria e a informação que fomos continua como parte matemática da equação que define a Criação. O "eu" desaparece como uma onda no oceano, cumpre sua trajetória e desaparece. A água que se fez onda permanece para produzir novas ondas.

Esse desaparecimento do "eu" na morte é similar ao desaparecimento da consciência no sono. Quando a consciência desaparece, o tempo se distorce no sono; quando o "eu" desaparece, o encadeamento do tempo cessa e temos a experiência da morte. No entanto, nossa "água" não se torna inexistente, apenas a onda. Através desta finitude nos aproximamos o quanto é possível da eternidade e da inexistência. É essa proximidade que o Talmud queria representar concretamente com a quantificação de 1/60 avos do nada.

Instrumentos da criação
Bom, Muito Bom e Não Bom
(Tov, Tov Meod e Ló Tov)

PARA MELHOR ENTENDERMOS a Criação devemos reconhecer três forças criativas fundamentais: *Tov* (bom), *Tov Meod* (muito bom) e *Ló Tov* (não bom).

Esta é a maior intimidade que o texto do Gênesis nos oferece quanto às motivações da Criação. A força Criadora expressa prazer em sua Criação a cada um dos seis primeiros dias, reconhecendo que é "bom" *(tov)*. *Tov* contém a intenção original que responde ao porquê da própria Criação e do fenômeno que desencadeia a perturbação na eternidade. Nossa única pista em relação a esta intenção Criadora está concentrada nesta "reação" de Deus à medida que cria. "Bom" significa que algo possui as qualidades adequadas a sua natureza e a sua função. Significa que algo é completo e satisfatório. O que move o tempo sequencial e a existência parece não ser exatamente uma causa como gostaríamos. Na eternidade não existem causas e consequências, mas apenas vontade. Essa vontade é o que conhecemos por natureza, ou mais teoricamente por matemática e física. *Tov* é a essência desta vontade que governa e que é princípio de tudo. Não há nada na existência que não contenha *Tov*. A vida contém *Tov* e a matéria contém *Tov*.

A segunda força é a do envelhecimento e da finitude, presente em tudo que foi Criado. Vimos anteriormente que no sexto dia Deus produz a expressão *Tov Meod* (muito bom). A interpretação do texto místico do *Zohar* é de que essa é a essência da morte e do mal. A morte e o mal não são maus ou o antônimo de *Tov*, de bom. Ao contrário, são compostos de *Tov*, mais que isso, são adjetivos superlativos de bom. O mal é tudo o que envelhece sistemas e estruturas, é a força da finitude em nossa realidade. Esta força produz o tempo e a inexorabilidade de sua passagem. Também as formas são produzidas e moldadas por essa energia de *Tov Meod*. A transformação é uma espécie de criação sobre a própria criação. E se o que foi criado é bom, o que pode ser criado a partir do que foi criado é muito bom. A morte e a mutação são a criação da criação e reciclam a vontade, produzindo uma espécie de vontade da vontade. A morte e o envelhecimento tiveram que ser criados especialmente, diretamente dessa vontade. Afinal, o envelhecimento é o encaixe perfeito à criação; a morte, o encaixe à vida. A destruição é parte da construção constante da Criação.

A terceira força é aquela que o Criador percebe ainda ausente em sua obra: *"Ló Tov* – Não é bom que esteja o homem só." (Gen.) "Não é bom" percebe a solidão do homem. A solidão da consciência, de nos enxergarmos como uma entidade individualizada e diferenciada, só é abrandada pela existência de um gênero sexual oposto. O "não bom" não é um mau. O "não bom" é o outro lado do bom.

O fato deste *Ló Tov* – não bom – aparecer apenas para os humanos e não ser extensivo a todas as criaturas da Criação se deve a um aspecto novo concedido à Criação no crepúsculo do sexto dia, num último instante antes do descanso. A solidão do homem (ou da mulher) seria um efeito colateral por conta de seu potencial de desenvolver formas de consciência. A saída do Paraíso teria sido insuportável sem este último ajuste. Provavelmente os ancestrais humanos jamais teriam saído do Paraíso se não tivesse o homem à mulher e vice-versa. Essa solidão da consciência que Deus quer remediar antes de seu efeito devastador é o companheirismo humano ou o que denominamos "amor". *Ló Tov* é uma força contrária à entropia e ao destino do Universo.

As leis absolutas da Criação são expansivas e progressivamente ampliam a distância e a diversidade (o que é conhecido como desordem, na Física). A elas Deus se referia como *Tov* – bom – e a elas precisou contrapor *Ló Tov* – não bom –, uma força contrária à entropia. Esse negativo de tudo o que foi criado, em vez de expandir e diferenciar, é um elemento integrador. Talvez esta seja a imagem e semelhança que os humanos têm de Deus. Não poderiam ter nenhuma semelhança em seus aspectos formais, prisioneiros do tempo, nem de seus aspectos intelectuais limitados à ilusão da realidade criada. A semelhança está neste elemento negativo à Criação, essa presença em si de um acesso à eternidade pelo sentimento criado através de *Ló Tov*. Esta energia "anticriação" presente no universo e que conhecemos a partir da manifestação do amor dota a Criação não apenas da possibilidade da consciência de um Criador, mas abre a possibilidade de contato com essa realidade absoluta.

É possível que todos os seres vivos reconheçam de uma forma ou de outra a força mestra que os gerou. Há inúmeras espécies que louvam: os pássaros o fazem ao amanhecer, insetos ao entardecer. Eles oram, mas não rezam. A oração é uma manifestação de exaltação que provém do bem-estar e do reconhecimento da existência. "Tudo que é vivo exalta o Criador", diz os Salmos. No entanto, apenas o ser humano tem a ensandecida crença de que, além de exaltar o Criador, pode entrar em contato com Ele. Esta é a concepção da reza, diferente da oração. Acreditar que é possível fazer contato, quanto mais esperar intervenções da força ou da realidade Criadora, é extraordinário. Essa força que permite ao homem não se sentir só é parcialmente mitigada pelo amor à mulher e vice-versa. No entanto, a força *Ló Tov,* que permite não estarmos sós, é essa sensação constante do "Tu". Não estamos sós porque há um "Tu" que perpassa nossa existência constantemente. Esse "Tu" é um portal à eternidade, a um tempo que conhecemos não da experiência pessoal, do "eu", mas deste "amigo imaginário", desta presença fantasmagórica que não há, mas que é absolutamente presente.

A sensibilidade de perceber esta presença é o mais refinado antídoto à solidão que a consciência nos proporciona. A sombra da consciência é essa voz que nos assalta de tanto em tanto e se comunica. Essa é uma comunicação entre a existência e a inexistência, e toda vez que ela busca tomar forma, como o descrever de um sonho, torna-se inócua e vazia. A deformação do tempo e sua organização através de causa e consequência ou de narrativa desmontam essa comunicação, fazendo-a passar por uma ilusão. Sua distorção neste meio repleto de tempos passados, presentes e futuros muitas vezes não faz sentido e é manipulada por nosso desejo mais que qualquer coisa.

Mas sem entrarmos demasiadamente nas crenças e nas experiências pessoais, há o reconhecimento no Gênesis de que Deus produz na Criação uma força contrária – um negativo – à Criação. Essa força nada tem a ver com a morte, como vimos. A morte é parte integrante do sistema reprodutor, integra a vida. De tal maneira ela é parte da Criação que, além de *Tov,* ela é *Tov Meod,* a quintessência da Criação. A antimatéria, os resíduos do tempo eterno ou as fagulhas da divindade na Criação estão por conta daquilo que contém *Ló Tov* em nosso universo. O amor pode ser apenas uma manifestação de *Ló Tov* entre outras tantas possíveis no Universo. O mais importante é que há elementos com carga negativa ou contrária à essência dessa realidade dentro dela mesma.

Para perceber isso devemos lembrar que *Ló Tov* surge no contexto da busca por um companheiro para aplacar a solidão humana. As demais espécies animais, como o texto sugere, não necessitam deste novo elemento contemplado apenas pela necessidade de aliviar a solidão. E a solidão, pelo menos nestes cantos da Criação, só os humanos conhecem. Para aplacá-la, o Criador faz seu último retoque através da força de Eros, ou mais genericamente, através da força do afeto.

Afeto é a manifestação de uma essência contrária ao tempo sequencial. É a única chave através da qual o ser humano pode ter acesso à "eternidade que reside num único momento". Toda vez que experimentamos afeto os tempos sequenciais se desfazem. Qualquer forma de deleite através da força do afeto nos permite o voyeurismo desta eternidade na qual reside tudo que é inexistente. Em particular no orgasmo ou em momentos eróticos especiais de nossa vida, este portal de comunicação fica escancarado. Descobrimos um tempo que funde a realidade e derrete o agora, o antes e o depois.

Diferente do bem-estar que nos faz exaltar a existência, o afeto disponibiliza da maneira mais concreta que podemos experimentar o pertencimento à eternidade. Toda a "reza" é originária desta ousadia de acharmos que podemos fazer contato com a realidade que está para além de nós. Todas as experiências, em particular as místicas, dependem desta força de Eros e afeto. Os profetas a conheciam e faziam uso desta força para rasgar a realidade do tempo sequencial. Em Eros os medos da finitude perdem sentido, e não é incomum vermos pessoas tentando controlar o terror da morte manipulando as forças eróticas. A verdade é que não há homem ou mulher que não dependa de Eros para que sua vida repleta de consciência não seja árida e solitária. Mesmo os celibatários, ao reprimirem esta força, nada mais querem do que utilizar-se dela para projetá-los às alturas permitindo-lhes vislumbrar a eternidade.

A maneira pela qual Eros ou qualquer forma de afeto se manifesta é aproximando, por vezes até confundindo, o "eu" com o "tu". Esta forma de fusionar aquele que é erotizado com o objeto de seu erotismo é uma capacidade de homogeneizar em vez de tornar diferente, sendo, portanto, uma força contrária à Criação. Se *Tov* representa o processo de separação e diferença que caracterizou o ato da Criação, aquilo que desfaz distinções é como uma força na direção contrária. Trata-se de uma força com valor negativo ou inverso, de *Tov* – (-) *Tov*. O tempo sequencial só se manifesta naquilo que é diferenciado, tempo esse produzido pela Criação. Quando as coisas se diferenciam é *Tov;* quando, ao contrário, se fusionam, é *Ló Tov*. Entenda-se, portanto, *Ló Tov* não como um valor moral, mas matemático.

É incrível percebermos que o prazer – o bom – está associado à diferenciação. O "eu", a diferença entre o que é limitado a mim e o que é externo, é o veículo de tudo que é "bom". É assim que as espécies se preservam: recolhendo *Tov* para si e preservando a sua diferença. Há uma fantástica beleza nesse egoísmo fundamental que a vida conhece tão bem. Por mais que os ecologistas queiram nos alertar para a grandeza e generosidade da natureza, fica difícil exorcizar essa tarefa individual e de cada espécie de se preservar. É verdade que na competição por esse *Tov* muitas vezes nos aliamos a outros indivíduos, grupos ou até mesmo espécies para sua obtenção. Mas todos admiramos aqueles que coletam *Tov*, pois são simbólicos de vitalidade e sobrevivência. Absorver *Tov* possibilitando sobrevivência e continuidade é obrigatório na Criação. *Ló Tov,* por sua vez, é a força contrária que permite a solidariedade, o vínculo e um gostinho da experiência de união, de fazer parte do UM.

Fronteiras com o Nada

AO NOS DOTAR COM a percepção de nosso "eu", o Criador nos diferenciou como a nenhuma outra criatura que conhecemos. Com isso impôs, ao mesmo tempo, sofrimentos e desequilíbrios que precisaram ser compensados. Incluiu então o elemento afetivo na realidade humana de uma maneira singular que os mundos mineral, vegetal e animal não conheciam. Esse afeto é a chave-mestra que permite aos humanos um vínculo com a eternidade e o absoluto.

Havíamos classificado o mundo do "antes", o que popularmente chamamos de passado, como um mundo que reside apenas nos afetos nostálgicos que experimentamos no presente. Todos os afetos do passado, aquilo que conhecemos de coração *(décor)*, de afeto, continuam reverberando. Reb Nachman, em seus ensinamentos sobre o tempo, dizia que quando algo significativo acontece deixa de pertencer ao passado e continua acontecendo a cada momento. Todo o afeto experimentado continua "acontecendo". No entanto, o afeto pertence sempre ao "agora"; por mais que o afeto do passado reverbere, ele sempre depende do presente para ser experimentado. A verdadeira fronteira do "antes" com a eternidade não é o afeto. Como veremos adiante, o afeto serve de fronteira para o "agora". As fronteiras do passado se encontram nos três últimos elementos de memória que guardam os sobreviventes do naufrágio na história dos "Sete Mendigos". São eles: o gosto que precedia a fruta, representando a memória da Existência *(nefesh);* o aroma que precedia a fruta, representando a memória do Espírito *(ruach);* a forma que precedia a própria fruta, representando a Alma *(neshama).*

Todas as memórias anteriores que vimos estavam gravadas fisicamente em nossos diversos cérebros. São as memórias animais de que dispomos. As memórias lógicas estavam no neocórtex cerebral, as memórias comportamentais estavam no cérebro límbico e as memórias instintivas estavam no cérebro reptiliano. As memórias contidas nas experiências intelectuais, emocionais e de autopreservação vão tão longe quanto a experiência de existir. Reb Nachman se refere, no entanto, a regiões ainda mais limítrofes da existência – à realidade antes de o "fruto" existir. Essas memórias não estão gravadas fisicamente em nenhum lugar orgânico do ser. São imateriais como o gosto, o aroma ou a imagem. São os "antes" que dizem respeito não apenas a um indivíduo, mas a um "antes" coletivo.

Gosto – Existência fora do corpo

O QUE É O GOSTO? O Rabino Hershy Wolch comenta que, se não fosse pelo gosto, uma maçã não seria uma maçã. Seria uma gelatina. Se pudéssemos desligar todos os outros sensos e imaginarmos apenas o gosto da maçã, o que estaríamos experimentando? O gosto é a experiência da vida da maçã. Se retirássemos a vida da maçã ela seria um punhado de matéria murcha talvez de coloração amarronzada. Portanto, o que é o gosto da maçã? É o frescor da vida da maçã.

O frescor de nossa vida está numa memória que nos dá identidade, nos dá gosto. E o que nos dá gosto é algo próximo ao DNA. Não sabemos muito sobre isso que denominamos DNA. Sabemos reconhecer que há a transmissão de informações que fazem de maçãs, maçãs, e de bananas, bananas. Essas informações possuem uma dimensão física na célula, mas estão para além da individualidade de cada ser humano. Elas são originárias de outros organismos que nos precederam e representam formas passadas de encarnações hoje manifestas em nosso próprio organismo.

A ciência consegue identificar e até mapear os encadeamentos de informações que são nossa matriz. Com esse conhecimento podem até manipular os frutos. Não podem, porém, alterar sua memória. O conhecimento científico sobre essa memória é tão rudimentar que qualquer tentativa de interferir nesse passado informativo da vida incorrerá em aberrações e deformações. Essas deformações representam a desconexão entre a informação que é gerada e a passagem do tempo ocorrida no passado. É como se os cientistas, ao mexerem com o gosto, estivessem se intrometendo no passado sem dispor de poderes para alterá-lo. Isso porque o passado genético que conseguem manipular é meramente um passado particular. O passado real da Criação, no entanto, é o somatório de todos os passados de tudo e de todos que já existiram e existem. As aberrações seriam criaturas que não se encaixam no passado da Criação.

O gosto ou o DNA representa a ponte entre entidades ou indivíduos diferentes. É no gosto que existimos fora de nós mesmos, residindo em nossos pais, avós e ancestrais. Todos os aspectos particulares da vida animal estão representados neste "antes" codificado em gosto. É deste passado – a história e a razão de quem somos – que provém o registro em nossa memória involuntária. Esse registro está gravado, esculpido em nós como seres vivos. Essa memória nos leva não só aos confins da individualidade, mas também a transcender as fronteiras da espécie a que pertencemos. Essa memória animal regride até os tempos evolutivos da vida animal. Ela é uma fronteira que vai para além da memória do Sexto Dia da Criação coletiva, para a memória do Quinto Dia, quando as espécies animais são criadas.

O AROMA – A EXISTÊNCIA FORA DO REINO

O que é o aroma?

O aroma é algo muito antigo. Muitas vezes lembramos mais vivamente o "cheiro" que tinha a casa de nossa avó do que de seus aspectos visuais. Reconhecemos assim que vivências retêm um "aroma" que nos remete a lugares distantes e antigos. O aroma é simbólico de uma regressão de nossa memória a um "antes" contido nas informações que recebemos anteriormente à nossa existência e que transcendem não apenas nossa própria espécie, mas o reino a que pertencemos. O aroma simboliza aspectos do mundo vegetativo que estão presentes nessa memória. Estamos regredindo a períodos do Terceiro Dia da Criação *(E disse Deus: Produza a terra ervagem)*.

Esta memória esculpida em nós é responsável por processos mais amplos da vida. Os rudimentos do desenvolvimento e do crescimento, a própria dinâmica da vida que amadurece e apodrece ou que germina e desfolha; e os aspectos estruturais do sistema reprodutivo são contribuições desse mundo vegetal. Lembrar do aroma da fruta antes que esta existisse é falar de dimensões humanas para além do reino animal. Como um halo responsável pela interpolação entre indivíduos, o aroma resgata uma realidade coletiva que emana de tudo o que é vivo. Tudo o que respira e transpira tem a ver com o aspecto vegetativo (ervagem), uma vez que este é o meio pelo qual o aroma se manifesta. Também a ideia de semente – origem de todo o ciclo reprodutivo – pertence a este mundo de memórias vegetativas. Quando olhamos a semente vemos todas as futuras sementes que serão reproduzidas através da vida de gerações e gerações de árvores. A essência da árvore e da semente é a mesma. O que gera a maçã também é o que a maçã gera com seu caroço.

O lugar de existência dessa memória também está localizado fora do organismo propriamente dito. Ela faz parte das informações codificadas ou esculpidas em nossa estrutura mais básica. Talvez as próprias informações representem o processo criador introduzido pela expressão "E disse Deus". "Dizer" é informar, comandar. Quando no Terceiro Dia Deus "disse", quer dizer que informações se tornaram disponíveis.

Esse atributo de transcendermos não só a individualidade, mas também as espécies, cruzando as fronteiras de reinos distintos em nós contidos, é uma expressão muito arcaica do "antes".

A MATÉRIA ANTES DO FRUTO

A última fronteira das memórias está na própria matéria. Carregamos em nós um material físico, parte do reino mineral, que transcende nossa estruturação orgânica. A matéria em nós se mantém independente de nosso corpo individualizado e responde por uma memória muito arcaica e coletiva. As moléculas e as células contêm matéria que possuem memórias que regridem ao Primeiro Dia da Criação. Respondem pela divisão de águas e terras, ou seja, divisão dos elementos, e perdem-se nas fronteiras do Momento Inicial da Criação quando tudo era fusionado caoticamente. A separação entre céus e terra responde por elementos da tabela periódica que foram produzidos através de energias liberadas na Criação. O que hoje é flor ou ser humano, um dia foi material celeste – parte de estrelas ou energia. Quando diz o texto "E a Terra era *tohu va-vohu* (um caos)", refere-se a um período anterior à memória da matéria.

A matéria (ou a forma), antes mesmo de o fruto existir, transcende não apenas o indivíduo, sua espécie e seu reino, mas remonta a uma realidade na qual não éramos sequer seres, nem mesmo coisas, mas pura energia.

Mais para além, porém, conhecemos em nós uma memória de quando não éramos sequer energia, mas quando não éramos. O Nada é uma memória viva em cada um de nós. É o sempre em nós e o lugar de onde Deus emana. Não há coisa alguma que seja mais transcendental do que este vazio.

Este vazio presente em nós é a única fronteira que conhecemos com a não existência. Ele não está na morte, como vimos, pois a morte é um evento individual. A morte, portanto, não é "não existir". Só experimentamos não existir quando estabelecemos contato direto com este vazio. A morte nos faz retornar a uma existência coletiva, difusa, em que as consciências e memórias que sobrevivem residem em nossa informação transferida e sob a forma mineral. Essas memórias são suficientes para nos manter deste lado da fronteira da existência.

III.
INCURSÕES
NO AGORA

Na realidade do "agora" a memória não tem qualquer função. O "agora" representa a dimensão física. É só no "agora" que nosso corpo pode existir, é nele que nos mantemos ou somos feridos ou sarados ou aniquilados. Tanto o antes como o depois não são ameaças a nossa existência porque a morte nunca ocorre no passado nem no futuro. O antes e o depois não marcam o corpo físico.

O "agora" é o cordão umbilical da Criação. *Im ein ach'shav ematai?* Se não "agora", quando? – perguntava e concluía o sábio Hillel. Não há imortalidade para o ser humano a não ser no "agora". Esse é o tempo mais do que presente, o tempo de presença. Nossa existência acontece toda ela nestes breves instantes que desembocam em novos outros breves instantes.

É o fluxo de "agoras" que nos parece reproduzir a essência do sempre. No entanto, essa é uma ilusão. O encadeamento de "agoras" não é o sempre. Esse fluxo é produto da Criação, da perturbação do sempre. O ato da Criação em si acontece num "agora" inicial, seguido por outros "agoras" que costuraram o passado rumo a um futuro. Mas se por um lado o "agora" nada tem a ver com o sempre, por outro, cada agora é uma reprodução daquele momento inicial da Criação. Cada "agora" é em si uma pulsação (uma perturbação) no sempre e, como tal, lhe faz fronteira. Essa é sua maravilha, diferente do passado e do futuro.

No "antes", como havíamos comentado anteriormente, não encontramos fronteiras pessoais com o Nada. Nossa história de "antes" nunca fez fronteira com o Nada, a não ser no momento inicial, marcado em memória. Trata-se, porém, de um "antes" coletivo porque, ao nos aproximarmos do instante inicial, do começo do tempo, não existia o particular. A morte, como a entendemos, seja ela a morte de "antes", quando não existíamos, ou a morte de "depois", quando não mais existiremos, é uma realidade individual e, portanto, distante das fronteiras do sempre. Ou seja, a morte como uma maneira de não existirmos é uma ilusão. Continuamos fazendo parte de um universo de tempo sequencial.

A mais importante característica do "agora" é que como uma pulsação constante ele produz um fluxo. Essa é a razão de ser associado ao elemento "água". Não apenas por conta do fluxo que a água causa, mas por ser o "solvente universal". Só o "agora" possui as propriedades de "lavar" e purificar constantemente. Se por um lado a água supre e sacia, por outro pode nos banhar. Em ambos os processos a vida se sustenta.

No que diz respeito ao Nome de D'us, ou seja, ao tetragrama que expressa a realidade em quatro tempos (FOI [HYH], É [HOH], SERÁ [YHH] e SEMPRE [YHOH]*), o componente que representa o presente, ou o "agora", é HOH (hei, vav, hei). "HOH" tem magicamente a mesma fórmula molecular da água.

---

* YHOH – Normalmente o tetragrama é utilizado com "W" em vez de "O". A letra "vav", que corresponde à terceira letra do tetragrama, possui ambas as funções no alfabeto – "W" e "O".

Tal qual o H_2O^* expressa a menor porção da substância "água", da mesma forma o "agora" representa a menor porção do sempre. O "agora" não é feito de trajetórias como são o passado e o futuro. O "agora", diferente do "antes", não apenas faz fronteira com o Sempre de forma coletiva, mas contém em si propriedades do Sempre. No "agora" coletivo o tempo constantemente tangencia o sempre, ou seja, numa fração de instante faz parte desta realidade para imediatamente retornar à realidade das trajetórias e do tempo sequencial.

Essa é a razão maior para Deus existir fora do tempo. O encontro entre criatura e Criador que pode ser percebido nas trajetórias do passado ou na especulação das trajetórias do futuro não é alcançado na realidade do "agora". Portanto, Deus nunca está disponível num quadro, num negativo, que acreditamos ver a cada segundo como parte de nossa "visão" da realidade. O "agora", por ser um fluxo, não permitirá jamais o encontro entre o que existe no tempo, criação e criatura, com o que existe fora do tempo, o Criador.

O texto bíblico não se furta a abordar esta questão no livro de "Nomes" (Êxodo), no qual os segredos do Seu Nome, de Sua essência, são transmitidos. A impossibilidade de encontro com Deus oferece um outro importante ensinamento sobre a ilusão do tempo. Trata-se do relato que se segue ao episódio do Bezerro de Ouro, quando Moisés parece desfrutar o auge de seu prestígio junto ao Criador, seu momento de maior intimidade com o Criador. Moisés acabara de enfrentar a indignação de Deus por

---

* Para quem gosta de mistérios, o valor periódico da água é de 18 (O =16 + H(x2)=1), também o valor numérico da palavra CHAI (vida). A própria palavra "água" (MYM), também composta por uma estrutura M2Y, tem valor numérico 90, múltiplo de 18, utilizando a representação comum de cinco moléculas de água. A origem hebraica dessas palavras data pelo menos de 4.000 anos.

conta do ritual idólatra do povo e, defendendo-o, demonstrara personalidade e compaixão. O Criador parece reconhecer estas qualidades e se encontra, segundo o texto, "cara a cara" com Moisés. Quanto mais sincero e espontâneo Moisés se faz, maior sua cumplicidade com o Criador. A tal ponto esta intimidade se aprofunda que Moisés termina por fazer o pedido que todo mortal gostaria de fazer num possível encontro com o Absoluto. Suplica Moisés (Ex. 33:18-23):

"Mostra-me, rogo, a Tua Glória!"

E disse Deus: "Farei passar todo o meu BOM (Tuvi) diante de ti, e chamarei em nome do Eterno (YHOH) diante de ti e trarei graça o que (et-ASHeR) trouxer graça e compadecerei o que (et-ASHeR) compadecer." E disse: "Não poderás ver meu rosto (PaNaI), pois não poderá ver-me o homem, e viver." E disse o Eterno (YHOH): "Eis um lugar (MaKoM) junto a mim e te porás sobre a pedra-Forma (TSuR). E será quando passar a minha Glória e te porei numa fenda da pedra-Forma e estenderei a palma de minha mão [te protegendo] até que Eu passe. E retirarei a minha palma [de diante de ti] e verás minhas costas (ACHoRaY), mas minha face (PaNaY) não verás."

O primeiro elemento que chama atenção é o uso do termo específico *"fazer passar todo o meu BOM"*. Como havíamos mencionado, TOV (bom) é a matéria da existência. Quando Deus cria, reconhece a cada dia da Criação essa essência contida em toda a forma. Como uma essência matemática da intenção criadora, TOV contém qualidades que pertencem ao universo depois de *Bereshit* – posteriores à perturbação ocorrida na eternidade. O que Deus faz passar diante de Moisés é um esforço supremo por encontro. Tentar tornar-Se existente e real para Moisés é um esforço fadado ao fracasso. Não é um fracasso de quem tudo pode. É a impossibilidade de preservar a criatura em sua limitação, que é sua própria definição, e, ao mesmo tempo, expor-Se da maneira que Moisés ansiava. Deus tem o cuidado de elucidar isso a Moisés. Não há como mostrar-Se a Moisés sem que ele tenha que deixar de ser Moisés. No entanto, antes mesmo de Sua explanação de que mortais, ou melhor, existentes, não podem conhecê-lo, Deus propõe novamente um verbo desconhecido, num tempo desconhecido. Aparece novamente o uso desta conjugação misteriosa similar a um futuro-já-ocorrido ou de um já-ocorrido-por-acontecer. A gramática parece ser o único lugar que restou ao Criador para empreender este contato íntimo com sua criatura. *"E chamarei em nome do Eterno (YHOH) diante de ti e trarei graça o que (etASHeR) trouxer graça e compadecerei o que (et-ASHeR) compadecer"* é a enigmática frase de Deus a Moisés. Esta é a descrição de Deus daquilo que está prestes a acontecer. O resto do texto é composto de precauções para que este encontro possa acontecer. Como os místicos, entramos naquele que é o único campo possível para a especulação dos mistérios – a gramática e seus limites.

Encontro em tempo algum

Deus está dizendo a Moisés que quando fizer passar diante dele Seu aspecto mais perceptível (Tov), quando Deus se aproximar ao máximo a algo que se pode distinguir como existente, então será pronunciado o Nome. Pronunciar o Nome significa abrir portais para uma dimensão de YHOH, para um tempo desconhecido por Moisés. No momento em que isto ocorre, Deus começa a falar da mesma forma que falou a Moisés quando apareceu-lhe sob a forma de uma sarça ardente. Naquela passagem, quando Moisés pergunta pelo Nome daquele com quem se encontra, recebe como resposta o enigmático *Ehié Asher Ehié*, Serei que Serei. Deus produz um verbo para nomear a Sua essência, verbo esse que reaparece em nosso texto, numa forma gramatical complexa. Os dois atributos mais importantes associados a Deus são mencionados com a mesma preposição encontrada no Nome dado a Moisés – *asher*, que. O efeito da efêmera "existência" que Deus produzirá a Moisés está contido no texto *"trarei graça o que (et-ASHeR) trouxer graça e compadecerei o que (et-ASHeR) compadecer"*. CHEN (graça) e RECHEM (compaixão) é o que Moisés provará desta experiência de intimidade com Deus, antecipando a qualquer ser existente a máxima expectativa que se pode ter de encontro com o Criador. Deus se faz perceptível na realidade através de Sua graça e de

Sua misericórdia. Esses são os elementos de realidade que Deus pode oferecer a Moisés para tornar-se existente. Em outras palavras, graça e compaixão são percepções estruturais daqueles que existem. O fato de estar-se vivo neste exato momento, de desfrutar-se de bem-estar, de sermos o somatório de uma intenção inicial que se manifesta no cumprimento de nossa própria existência, libera em nós um "hormônio existencial ou espiritual" que é vivido como graça e compaixão. No entanto, o que este texto possui de mais fascinante não é o conteúdo teológico sobre as formas pelas quais Deus se manifesta, mas a reincidência do esforço em apresentar essa "existência" num tempo que nos é inapreensível. O que Deus produz não é resultado de um Agora, de algo que faz, que fez ou que fará. O fazer, o existir de Deus, não pertence ao sistema de causa-consequência, o que Deus faz está para além da causalidade, o que causa já é consequência e a consequência já é causa. Não há separação, ou distinção, entre intenção e resultado. O resultado já é a intenção e a intenção já é o resultado. Talvez o que mais se aproxime desta concepção seja a matemática. O cálculo não necessita de uma história, não depende de um passado e é imutável no futuro. *"Asher"* talvez não seja tanto uma peça gramatical no sentido linguístico, mas matemático.

A noção lógica de "donde" implica causalidade sem que esta esteja calcada em conceitos temporais. Deus estaria dizendo a Moisés que faria algo, mas que este algo não teria registro no tempo. É claro que teria um registro no tempo da vida de Moisés, mas Deus ao querer corresponder ao pedido de mostrar a Sua "Glória" não podia deixar de fora a verdade de que este evento não teria nenhuma dimensão temporal para Si. Como se dissesse: O que faço não tem nenhuma causa ou, de maneira mais fiel ao texto, "trarei graça donde trouxe graça, compadecerei donde compadeci". Tal afirmação é mais uma expressão da fusão da matemática e da gramática, do que meramente uma forma linguística.

Toda a linguagem, com exceção de algumas formas de liturgia e poesia, se estrutura sobre a noção de tempo. As técnicas são variações sobre o mesmo tema: descrever o passado e produzir relatos; representar o presente em "câmara lenta" ou como é vivido no sentimento daquele que o vive; ou especulações que transformam o futuro num passado por vir. *"Asher"* simboliza o fato de que Deus não deixa rastro no seu fazer. Este Caminhante não faz seu caminho ao andar, porque não lhe resultam trajetórias ou mesmo possibilidades futuras. Nesta dimensão de sempre, *"asher"* é um ponto cujas coordenadas não são a sua razão ou sua implicação. As motivações e as decorrências são nenhuma, ou melhor, todas.

Esta conexão entre linguagem e matemática é intuída pelos cabalistas ao utilizarem o recurso da *guemátria* – a técnica de converter letras em dígitos. Apesar de sua função ser, ao contrário, a tentativa de desvendar motivações e implicações ocultas, reconhece que as palavras quando convertidas de peças gramaticais em algorítmicas passam a fazer parte da rede de todas as motivações e de todas as implicações. Nesta rede, conexões que eram imperceptíveis se tornam acessíveis. Pode-se transitar por significados que são livres de tempo. E toda vez que o tempo puder ser mantido fora da percepção de realidade, revela-se a "Glória".

Essa é a própria ideia revolucionária do texto bíblico, da Torá (Pentateuco). A Torá é o "ensinamento" porque os rabinos desvendaram o conceito de que *"ein mukdam vê-ein meuchar ba-Torá"* – não há antes ou depois na Torá. A Torá não tem uma cronologia a ser seguida. Ou seja, sua função maior está mais na forma do que no próprio conteúdo. Quem não consegue compreender isso não terá revelado seu "ensinamento". É comum que pessoas questionem a "sacralidade" do texto porque identificam suas inconsistências internas ou externas. Incoerências na lógica gramatical estarão sempre associadas de uma forma ou outra com a temporalidade. O texto é sempre contestado pela incoerência de suas razões ou implicações. Mas os sábios identificavam com lucidez que a Torá é uma rede. Existem nela pontos que se conectam com todos os pontos. De qualquer lugar se pode chegar a qualquer lugar, mas para isso é importante a supressão do tempo.

O conteúdo dos ensinamentos só é absoluto se este processo é estabelecido. Eles não serão jamais anacrônicos ou ultrapassados porque não estão isolados em um texto, mas na trama da rede da qual todos os textos são uma única malha.

Apenas quando a gramática e a matemática se fundem se pode ir de qualquer lugar para qualquer lugar. Os poetas conhecem este segredo. Eles são matemáticos na medida em que a função de seu relato é romper com o tempo e produzir uma efêmera sensação de "sempre". Os cabalistas (palavra para descrever os comentaristas envolvidos com o comentário profundo) sabiam dos riscos envolvidos em se transformar gramática em matemática. Com isso iam perdendo as trilhas e as trajetórias, e o risco de enlouquecer-se, de morrer ou de se tornar um herege se ampliava. Esta é a preocupação do Criador com o pedido de Moisés para conhecer a sua "Glória". Para tal, Moisés teria que abdicar da ilusão do tempo, teria que se tornar parte consciente de uma rede da qual é parte, mas que é maior do que ele. Essa impossibilidade não é da esfera do poder, mas da matemática.

Deus produz uma fórmula para si na tentativa de se aproximar ao máximo de Moisés. Essa fórmula é o uso do pronome "que" *(asher* ou *et-asher)*, cuja função não é ter uma significação própria, mas apenas representar seu antecedente e introduzir a oração subordinada. Quando o antecedente e a oração subordinada são os mesmos (Serei Que Serei), produz-se gramaticalmente um algoritmo destituído de causalidade. Não podendo destituir um verbo internamente de seu tempo, o pronome acaba cumprindo esta função. Para falar de Si (?), Deus tem que primeiro construir ferramentas gramaticais que, se não acuradas, pelo menos não sejam falsas.

Essa é oportunidade para vislumbrarmos que nossas fantasias de infinito não fazem sentido. Pensamos no "antes" e, por mais inicial que este "antes" seja, não conseguimos conceber a ideia de que nada lhe antecedia. O mesmo fazemos com o futuro. Pensamos de forma linear e o infinito se torna uma aberração sustentada apenas por nossa concepção temporal de causalidade. Talvez seja esta uma verificação sensorial de que o universo é de alguma forma curvo. O sempre não é uma sequência infinita de "agoras" costurados formando um para sempre "antes" e um para sempre "depois". Tal percepção faz contaminar de tempo nossa existência individual e coletiva.

Deus nunca esteve num "agora". É isso que Ele deseja explicar a Moisés. Deus nunca nos é contemporâneo. Assim como Deus está em todo lugar, mas não está em lugar algum, Deus está em todo o tempo, mas não está em tempo algum. Não é, portanto, nem conterrâneo nem contemporâneo. Está, por definição, fora do tempo e do espaço e não é percebido pelos parâmetros que estamos acostumados a utilizar para determinar a existência.

Deus instrui Moisés a proteger-se por detrás de uma pedra, ou melhor, literalmente, para proteger-se na *"tsur"* – na forma. Como vimos, a forma é apenas uma outra maneira de representarmos o tempo. Deus está dizendo: "Segura forte Moisés no tempo, pois um vendaval vai retirar o tempo da realidade quase a ponto de tornar-se insuportável para ti. Quando isto acontecer, terás visto minhas costas *(achorai)*, mas minha face *(panaz)* não terás visto." A palavra *"achorai"* é um jogo de palavras porque possui o duplo sentido de "costas" e também de "depois". E o meu "depois" terás visto significa que resquícios de tempo se tornarão reais mesmo nesta experiência de quase supressão total do tempo. O tempo não cessa por completo o que teria feito Moisés conhecer Deus pela "face", mas desta maneira se preserva a existência de Moisés.

A palavra *"panai"* (face) também é repleta de mistérios e significados primários. A raiz desse vocábulo contém *"li-PNAI"* – em frente – e *"bi-PNAI"* – dentro. Estar fora e dentro ao mesmo tempo, o sonho de união, ou mesmo de fusão com a realidade, é uma experiência que uma criatura com forma e história não pode experimentar integralmente.

O encontro de Moisés com Deus não foi em lugar algum, mais que isto, não foi em tempo algum. O registro histórico daquele acontecimento não está na possibilidade de poder ser datado, mas de ter produzido um texto que "não tem antes ou depois". Deus havia transmitido o Seu Nome quando conseguiu produzir uma gramática conversível em matemática. A lembrança, o registro deste encontro não foi nenhum diapositivo, nenhum quadro a ser pintado ou desenho a ser deixado em cavernas. O registro foi um texto – uma gramática – que em conteúdo faz sentido porque tem relatos e temporalidade, mas que na forma é uma rede e não uma sequência. A Torá é em si o encontro produzido não num momento, mas num texto, numa gramática-matemática.

Textos para escapar da ilusão

Nomear é nosso grande instrumento para desbravar a realidade. O parâmetro da existência, que insistimos em utilizar para detectar a veracidade de algo, é ineficiente a ponto de não conter o próprio Criador. Onde está? Quando? Aconteceu mesmo? Alguém viu ou ouviu? Pode ser provado? Pode ser reproduzido? Todas essas são inquisições cujo objetivo é verificar a existência de algo ou alguém. Podem dar conta de inúmeros fenômenos da realidade, mas induzem à ilusão e ao engano. A existência é a tentativa de reconhecer as letras inscritas a tinta sobre o pergaminho. Fica de fora todo o branco que as circunda, mais que isso, não contempla as tábuas esculpidas em si mesmo de seu próprio texto. Há tanto de nós e da realidade na inexistência!

Quando se produz um Nome e uma gramática para falar do inexistente, se estabelece uma revelação. É uma proposta para falarmos sobre o que não existe, ou sobre a fronteira do que de mais fascinante há na consciência. Estarmos cientes daquilo que jamais se tornará ciência, seja compreensível por conhecimento ou explicável por causalidade, é perceber as "costas" do Criador, é desvelar o espelho que nos situa fora do tempo.

O texto da Torá é representado na mística judaica como tendo antecedido a própria Criação. Ela foi a planta, a "cópia heliográfica", pela qual a Criação se projetou. Ela é eterna na medida em que não é superada. Ela não contempla sequer expectativas internas de coerência temporal porque seu relato não tem "nem antes nem depois". Ou seja, sua função é estabelecer consciência do que não pode se fazer ciente.

Todo conteúdo que define a propriedade das relações com outros (a ética) ou a propriedade das relações com as coisas (a sacralidade) é meramente um exercício para escapar-se das ilusões, em particular a que diz respeito ao tempo. É extremamente difícil para nós escaparmos da lógica de nossa finitude, que impõe conclusões sobre o modo de vivermos e nos relacionarmos a cada momento. É tão difícil escaparmos deste senso de existência que ele nos leva a um comportamento egoísta e materialista. Por isso o texto é basicamente para nos sensibilizar à interconexão de tudo. Daí seu interesse na ética e no sagrado. São estas as duas únicas áreas que nos ajudam a contemporizar o autoritarismo que exerce sobre nós o nosso senso de existência. São áreas que trazem uma perspectiva de um outro tempo além deste às nossas vidas. Esse tempo, no qual não existimos em parâmetros da realidade, nos permite percepções de transcendência de nossa individualidade.

Perder-se na tessitura do texto é a proposta mística judaica.

O texto seria por assim dizer uma máquina do tempo, de suprimi-lo. Não uma máquina que leva ao futuro ou ao passado como a ficção humana comumente fantasia, pois esta máquina nada mais faria do que substituir o agora presente por outro "agora" (depois ou antes), o que, aliás, é impossível. O "agora" como o estamos definindo é apenas uma ilusão da existência e somente com outra ilusão poderíamos manipular essa ilusão. Ir para o passado e vivê-lo como um "agora" exigiria deformar toda a forma que é produzida pela passagem deste tempo que perturba a eternidade. A Criação teria que ser desmontada para dar conta desta fantasia. Essa "matriz" que permite deslocamento pelo "tempo" exigiria um tempo não sequencial, mas uma eternidade que só é ambiente para a inexistência.

A única possibilidade de experimentarmos esta "inexistência" acontece na imaginação e no texto. Na esfera individual a imaginação produz um universo não temporal. Reb Nachman chamava a atenção para a possibilidade da imaginação de manipular o ritmo do tempo e de transitarmos livremente por antes, agora e depois. Tal como a Torá, a imaginação – seja no devaneio, no sonho ou na loucura – não possui uma cronologia. Na imaginação as "coisas" existem como parte de uma "matriz", uma rede interconectada na qual tudo é possível. É importante percebermos que qualquer possibilidade é uma função do tempo. Tudo é possível quando possuímos um "passe livre" para transitarmos livres das imposições do tempo. Esse é o nosso deslumbramento diante da imaginação. Ela faz e desfaz, e seus recursos são infinitos, inesgotáveis. Portanto, onde não há tempo, onde rege a eternidade, não há impossibilidades. Em algum registro poético, caberia dizer que a Criação é uma imaginação do Criador. Seu poder absoluto emana da mesma fonte da imaginação, na qual a inexistência é livre de qualquer forma. A inexistência re-forma, de-forma, trans-forma, in-forma, conforma e realiza infinitas outras operações com a forma prescindindo totalmente do tempo. Aquilo que a existência só conhece com a passagem do tempo, a eternidade conhece sem tempo. A imaginação também.

No âmbito coletivo, por sua vez, o texto cria possibilidades semelhantes à imaginação. No texto, por meio do comentário e da interpretação, nos apoderamos da realidade como fazemos com a imaginação. A "matriz", no caso do texto, não é um patrimônio exclusivo de um único córtex cerebral de um indivíduo, mas se localiza fora e permite a interação de infinitos indivíduos. Obviamente que há textos e textos. Quanto mais aberto o texto, ou seja, quanto mais passível for o texto de comentário e interpretação, maior sua aproximação à imaginação.

A Torá não só é um texto com essa qualidade, mas sua definição como um texto do Criador lhe dá a universalidade para servir como uma "imaginação" compartilhável por qualquer inteligência. Na Torá, o "sempre" se faz disponível e o encontro com Deus é possível em meio à trama de seu texto.

Em suma, o Criador teria fornecido um meio para que a criatura pudesse desfazer-se do tempo e mergulhar na possibilidade do encontro.

Em tese, a própria vida, ou a própria realidade, poderia ser experimentada como um texto. Os loucos e os visionários se aproximam desta possibilidade e relatam seu encontro com Deus. São relatos verdadeiros, mas são relatos de experiências fora do tempo. Portanto, também está correto quem diz que essas experiências não existiram num dado momento.

O profeta, o místico e o louco, cada um a sua maneira, se libertam do tempo e são percebidos como lunáticos. O texto e a rede que os fazem mais livres podem, porém, levar à autodestruição e ameaçar sua integridade. Essa foi a preocupação que Deus demonstrou com Moisés. A supressão total do tempo, o desmantelamento da ilusão por completo, inviabilizaria sua própria existência.

O desespero se apoderaria de qualquer um que dispusesse de consciência não fosse pela existência de um texto que servisse de "território" para o encontro. Talvez possamos inferir disto a verdadeira função de um texto. O texto libera da tirania da noção de tempo, abdica do relato da realidade, sem nos retirar dela. Próximos à ausência do tempo nos tornamos profetas, visionários ou loucos. Ao mesmo tempo, toda vez que nos fazemos um pouco profetas, visionários ou loucos, injetamos ânimo e esperança à nossa existência. Mal sabemos do valor terapêutico que proporciona, mesmo que em doses homeopáticas, escapar-se da ilusão do tempo.

O corpo e o agora
Corpo é um texto

O QUE NOS TORNA DIFERENTES de nosso Criador?
O texto bíblico diz que somos "a imagem e semelhança" do Criador*. Mais precisamente, diz que somos a silhueta *(tselem)* e que temos o mesmo padrão *(demut)*. No entanto, a primeira "definição" que o Criador oferece de Si é a impossibilidade de representá-lo por qualquer forma. Para lidarmos com esse paradoxo precisamos primeiro compreender nossa própria forma.

Nosso corpo é um meio. É através dele que interagimos com o tempo. Ele envelhece, porém, mais do que isso, ele é suscetível e vulnerável ao "agora". Tudo que acontece "agora" impacta nosso corpo. É através dele que conhecemos a sequencialidade do tempo. O corpo nos ensina tudo o que sabemos sobre o tempo e sobre sua passagem. Na verdade é ele que tem a última palavra para descrever e legitimar a realidade.

O que vemos, escutamos, tocamos ou entendemos constrói uma realidade repleta de tempo. O medo, a defesa, o ataque, o desejo ou mesmo o impulso se expressa constantemente no "agora". Podemos temer o futuro ou guardar do passado angústias, mas nada disso se assemelha ao gosto de "realidade" que tem o "agora". Quando enfrentamos momentos derradeiros –

---
* Gen. 1:27.

tais como um assalto ou um acidente – que são versões modernas e humanas para falar da natureza através de seus predadores e de sua violência, nos deparamos concretamente com o "agora". Qualquer ser, seja por instinto ou consciência, sabe distinguir a ameaça ou o desafio do momento presente. Se o passado pode nos entristecer ou o futuro nos deixar ansiosos, nada se assemelha à liberação de adrenalina de uma situação do momento. Isso porque sabemos que com o "agora" não se brinca.

Por mais que o "antes" e o "depois" possam influenciar nosso estado de ser no "agora", estarão sempre subordinados à sua "última palavra". Essa condição de "solvente universal" do tempo permite ao momento presente até mesmo a possibilidade de modificar as influências do passado e do futuro. Como vimos anteriormente, o passado existe naquilo que ele capacitou. Os "agoras" vividos anteriormente construíram uma realidade no passado que se expressa na forma que as coisas e os seres possuem no presente. Essa é sua existência: o resultado. O futuro, por sua vez, só existe na forma de demandas que influenciam o "agora". Podem ser demandas de estratégia da consciência mental ou da "consciência" que tem o organismo de sua própria estrutura. Provavelmente o mistério das mutações e da evolução está contido nessas demandas. O texto de nossa existência, portanto, é constituído desses resultados do passado, dessas demandas do futuro e das "interpretações" do presente. Essas interpretações, que equivalem à sensação de apreender o sentido do texto, modificam a cada momento tanto os resultados quanto as demandas. O "agora" modifica o passado e o futuro a cada "agora". Só há texto e só há existência no "agora". O "antes" e o "depois" inexistem para o "agora". Foi para preservar a capacidade de Moisés de ter "agoras", que lhe foi negado acesso ao sempre. Só no sempre todos os "antes" e todos os "depois" são alcançáveis, porque não há "agora". O sonho de retornar ao passado ou ao futuro só seria possível abrindo mão do "agora", ou seja, deixando de existir. O tempo sequencial não é uma matriz, não é uma rede.

O "agora" depende de um corpo para ser percebido. O corpo é o texto que cada um de nós traz para ser decodificado neste momento. É essa experiência de existir que produziu o tempo sequencial. Ou seja, a própria manifestação de algo diferenciado, algo que tenha sido criado, produz um tempo.

O corpo é nosso meio para existirmos, e a satisfação "existencial" se obtém basicamente de honrar-se esse corpo. Fazer pleno uso das capacitações geradas pela história pregressa e compor com as demandas evolutivas do futuro é a própria realização da existência. No entanto, cabe ao "agora" a mais importante função nesse sistema da existência. O "agora" permite que o texto tanto do passado quanto do futuro possível seja lido. A leitura acontece através de mensagens que este corpo produz para si. São mensagens de preservação do corpo passado, do tipo: estou com fome, com medo, com sono ou carente. Ou solicitações do corpo futuro, do tipo: excitação sexual, transformação, curiosidade ou risco. É desta leitura presente do texto, da interpretação que integra a cada momento as tensões geradas pelos "antes" e pelos "depois", que se compõe o "agora". O querer de um indivíduo é essa constante interpretação que nos permite perceber o "agora". A existência se escreve da busca e do cumprimento desse querer, que é a conjunção de resultados e estratégias de passados e futuros, respectivamente. A acumulação de "agoras" em que não honramos esses quereres, que também incluem os quereres éticos e sagrados, produz sensações de tristeza e de frustração. Essa é a relação direta que tem o corpo e o tempo. Sair do tempo significa abandonar o corpo.

Não é por acaso que a descrição do sono é de abandono do corpo. Ao dormirmos há uma distorção do "agora". Não há antes nem depois no sonho porque não há um claro "agora". As impressões destes sonhos muitas vezes não podem ser relatadas justamente pela falta de uma gramática que evite o uso de causalidade ou de "agoras". Sonhos se descrevem mais do que se relatam porque sua estrutura não é sequencial.

Maimônides, filósofo e comentarista do século XI, em seus *Treze Princípios de Fé*, explicita que "Deus não se parece com um corpo; Deus não é um corpo". Deus não tem corpo e não tem "agora". Maimônides reconhece isso ao dizer que *Ein êt elmetsiutó* – não há tempo em Sua existência. Não vemos Deus porque estamos sempre prisioneiros de um "agora" que nos cega. Como o escuro da noite que permite ver as estrelas, a claridade do "agora" nos ofusca a capacidade de perceber a eternidade na qual estamos plantados.

A imagem e semelhança das quais fala o texto bíblico se referem a uma qualidade especial que tem o ser humano. Sua existência inova porque a partir do sentimento o ser humano é capaz de produzir inteligência. A sabedoria é capaz de estruturar a imaginação, a fantasia e o sonho. O ser humano consegue dentro de si conhecer a experiência de matriz, de vagar por sua mente como uma reprodução da eternidade. A mente consegue não ter corpo por breves momentos. Na verdade esta capacitação humana de conhecer a realidade em rede, onde não há limitações físicas de tempo, é seu atributo maior, cumplicidade com seu Criador, e seu maior tormento. A mente que consegue não ter corpo é a mesma mente que reprime sentimentos ao ignorar o corpo. Racionalizações, defesas, projeções e desespero são alguns subprodutos desta capacidade de alienar-se do corpo. Podemos, mas não devemos viver mesmo que brevemente sem o corpo. Se quiséssemos perseguir a glória de nossa mente, poderíamos induzir uma situação similar àquela da qual Deus tenta salvaguardar Moisés. Sem o corpo, sem seu tempo inerente, nos tornamos gradativamente loucos, hereges e, em último estágio, destrutivos.

O texto de nosso corpo é um território imprescindível. Ele nada mais é do que a amarra entre o antes e o depois. É o meio do "agora". Deus passa e não se pode ver Sua Face porque ela não existe no "agora". Suas Costas são um rastro da eternidade e da inexistência na esfera da existência.

Erótico – O sempre no "agora"

Os sentimentos produzidos no corpo estão constantemente pautando o nosso "agora". Um bebê ou mesmo uma criancinha alterna choro e riso, conforto e desconforto, centenas de vezes num único dia. Estar em dia com esses sentimentos é basicamente a existência. O ser humano, no entanto, desenvolveu um aspecto que o tornou mais próximo (imagem e semelhança) do Criador. Trata-se da mente, um expediente que permite transitar por um tempo que independe de regras de sequencialidade. Pode-se através dela relembrar-se o passado ou especular sobre o futuro, ir e voltar, quantas vezes se queira. A mente se aproxima em suas elucubrações a uma matriz, a uma rede.

A mente se origina no cérebro, órgão cuja função é orquestrar o organismo em seus mais diferentes desempenhos. O cérebro, no entanto, não é tão poderoso quanto costumamos imaginar. Sua função é receber mensagens dos mais diversos órgãos e ordenar ao organismo que se empenhe para saciar as demandas de sua sobrevivência. Se há fome, o cérebro recebe essa informação e se mobiliza para providenciar sustento. Se há mudanças de temperatura no corpo, o cérebro fará os remanejamentos necessários para o reequilíbrio térmico do corpo. Apesar de dar ordens, o cérebro está sempre a serviço de necessidades do organismo. É o cérebro que registra e dá sentimento, seja ao conforto, seja ao desconforto.

Sua função original (e ainda é assim na maior parte do mundo animal) era dar forma a sentimentos. Nesse processo de formular sentimentos, seja de forma residual ou intencional, o cérebro foi desenvolvendo a mente. Os sentimentos são marcos de referência e, como tal, são fronteiriços às estratégias e à instrumentalização. A mente expandiu as funções do cérebro e desdobrou-se num órgão capaz de se antecipar às necessidades, fazendo-se mais apto do que simplesmente responder a demandas urgentes do momento. A mente provavelmente foi buscar no "antes" subsídios fundamentais para a sobrevivência do corpo. O "antes" continha as vivências e as soluções do passado. A memória pouco a pouco se firmou como um importante recurso de preservação. A manipulação do passado provavelmente antecedeu a capacidade de criar modelos especulativos de possíveis futuros. É, no entanto, a mesma memória que distingue padrões e modelos no passado aquela que inventa o futuro. O futuro foi inventado pelo passado.

Esse desenvolvimento da mente permitiu-lhe alcançar conceitualmente revelações que o corpo desconhecia. O corpo cumpre seu desígnio de produzir "agoras" definindo um texto que reflete em sua forma o passado e em suas mutações as demandas futuras. Seu desígnio é dar marcha à existência até levá-la à sua finitude, com a morte. A mente, em sua possibilidade imortal de transitar pela matriz do tempo, vislumbra uma eternidade que está além de seu alcance. Mais que isso, ela identifica o livre-arbítrio, a possibilidade de contrapor-se à inexorabilidade da experiência do corpo.

O que exatamente deflagra esses processos mentais independentes, capazes de livre-arbítrio, é provavelmente o mesmo fator presente na realidade que contesta a linearidade ou a sequencialidade do tempo. Por um lado a mente estava a serviço do corpo, tendo a função de lembrar de situações passadas para prevenir-se ou aproveitar-se de possibilidades futuras. Essa função mental possibilitou a lógica e os modelos, todos baseados na experiência sensorial do corpo. Ou seja, o corpo fornece à mente noções impregnadas da sequencial idade do tempo. Por outro, a mente se tornou rebelde e esboçou aspectos que se mostraram "imagem e semelhança" do Criador. Essa "semelhança" não estava na forma que, como vimos, não existe para o Criador. A semelhança estava em distinguir o "sempre" que permeia a realidade. A imaginação, a fantasia e o sonho humano haviam reproduzido uma realidade com semelhanças à realidade externa à Criação e ao tempo linear.

Em Gênesis, a preocupação com o fruto da Árvore da Sabedoria é que ele também levaria o ser humano a provar da Árvore da Vida: "Eis que o homem tem se tornado como um de nós" (Gen. 3:24), diz Deus, atormentado. A expulsão do Paraíso se dá por conta desse temor e não como punição ao primeiro ato de livre-arbítrio e de transgressão às regras estabelecidas. A expulsão representa a maldição humana de conceber realidades das quais não faz parte. Se por um lado o saber podia ter a autonomia de uma existência não corpórea, por outro, estava aprisionado a um corpo, a uma realidade no tempo sequencial.

Nossas vidas são basicamente o gerenciamento da existência, dos sentimentos do corpo e do recurso da mente que nos capacita sermos conscientes. Por um lado temos que zelar para que a mente não interfira demais no corpo. Muitas de nossas mazelas são intervenções da mente tentando produzir modelos do que seria "certo" ou até mesmo gerando um senso de si, um ego, que deseja nos "proteger". Esse ego mima o nosso ser de uma forma irreal, criando atritos com o existir de cada "agora" que quer simplesmente dar conta dos impulsos e dos sentimentos. O texto do corpo exige leituras constantes, a cada momento, e tem pouca tolerância a distrações ou digressões tão sedutoras à nossa mente. Por outro lado, temos que impedir um comando absoluto ao corpo, porque ao dar conta de sua existência e finitude ele engendra desespero à mente que tem seu "pé" na eternidade.

Há, no entanto, um centro de gravidade, um ponto de convergência entre a matriz da imaginação da mente e as percepções do corpo. Esse *locus* de encontro é a experiência erótica. Patrocinado pela necessidade reprodutiva, este encontro acontece no momento em que o corpo descobre que seu texto anseia pela composição com outro texto, outro corpo. A junção de dois textos para a criação de um terceiro permite uma experiência à mente que potencializa sua percepção do sempre. A junção de textos estabelece um metatexto: um texto que, por mais específico, permite acesso a todos os textos. Não há apenas mais um ser, mas um amálgama que passa a fazer parte de uma rede que transcende o corpo. Nesse momento o corpo prova uma realidade de matriz que é maior do que seu próprio indivíduo e passa a ter uma relação diferente com o tempo. Por conta deste "encontro" a mente experimenta, com nitidez máxima, a sensação de "eternidade". Esses são momentos em que a "eternidade reside no momento".

Esses momentos não são apenas sexuais. A sexualidade é o meio de realizar um princípio de ação que nasce do lirismo amoroso. Eros é impregnado do sentido da vida, da busca da vida. Diferente da alimentação ou do medo que servem exclusivamente ao propósito de preservação do indivíduo, Eros contém um sentido coletivo que transcende ao próprio corpo. É um sentimento de preservação que por definição conserva mais do que ao organismo que o sente. Essa é a razão de a mística estar tão próxima de Eros. Diferente da Ética, que é uma função mental, muitas vezes dissociada da experiência do corpo, Eros é um sentido que funciona coordenado com o corpo. Os profetas eram eróticos ao exercer sua função. Na verdade direcionavam seu Eros para compor com a Ética e produzir "a palavra de Deus". Essas palavras eram expressões gramaticais, linguagem que tentava traduzir "matemáticas" da dimensão do "sempre". Só nesta dimensão a Ética faz sentido, razão pela qual as tradições religiosas estão sempre apontando para as recompensas do "mundo futuro", ou do Paraíso. A única forma de legitimar a Ética como um interesse humano é reconhecer que para o corpo, para a experiência comum da existência, ela não faz sentido pleno. Como atividade da mente, a sofisticação conceitual da ética é fantástica, mas não é capaz de nos sustentar. Só ela não dá conta da existência.

Os sentimentos são o relógio do presente. São eles que constantemente criam "agoras". Por sua vez, há uma qualidade de sentimentos que transcendem as necessidades particulares do indivíduo. Esses sentimentos possuem uma qualidade erótica e geram "agoras" distintos que tangenciam o sempre. Esses são os momentos que Reb Nachman qualificava como momentos reverberantes. Eles aconteceram em momentos específicos, em dados "agoras", mas continuam reverberando no seu futuro. Mais do que isso, eles parecem nunca, em momento algum, terem deixado de existir. A ubiquidade de tais experiências projeta sobre a realidade formas mentais, estruturas de rede que desafiam o conceito de tempo. Conhecemos o "sempre" no agora por conta dessas experiências.

Se a percepção do Sempre no passado está no vazio, no presente está em Eros. O vazio que reside em nós, que remonta aos primórdios de quando éramos nada, quando o tempo não existia, é a fronteira do "antes" com o "sempre". Essa fronteira do "agora" e do "sempre" é Eros. Só o erótico produz uma experiência do corpo que distorce a noção de indivíduo. Haveria uma única outra porta a esta distorção do corpo – a morte. No entanto, estar morto não é uma experiência do corpo, é posterior a ele. Não há sentimento de estar morto, porque os sentimentos pertencem à vida. Essa é a razão de a morte não ser fronteira com o nada ou com o "sempre". Já observamos isso anteriormente. A morte é menos transcendente do que imaginamos e que talvez queiramos crer.

É possível que a morte tenha toda essa importância porque reflete a autoestima e o apego de nosso ego. Mas a morte é apenas uma reorganização da vida que não rompe com um tempo sequencial. Como vimos, a morte é parte integrante da Criação, talvez o retoque final.

O "agora" é um fluxo, um rio que se encadeia constantemente. Não haveria fluxo se não houvesse morte. É a finitude que produz uma tensão entre o nascimento e o fim e que, por sua vez, estabelece esses elos que reconhecemos como "agoras". A morte, ao exercer sua tensão com a criação da vida como um fio esticado entre dois polos, cria o "agora". O registro desse "agora" se dá através de sentimentos. Ou seja, a morte gerou os sentimentos e o "agora" para o indivíduo. Tal como o "fim" do Universo e sua Criação estabeleceram uma tensão semelhante gerando "agoras" não só para um único indivíduo, mas para o Universo todo, impondo um tempo sequencial à realidade. Para o ser humano, prisioneiro em seu "agora" do momento, a única fronteira ou tangência com o "sempre" é experimentada através de Eros.

Se "nada" e "Eros" são os limites de sempre no "antes" e no "agora", respectivamente, falta-nos identificar sua fronteira com o "depois".

IV.
INCURSÕES
NO DEPOIS

Na ordem da origem do tempo, o "agora" antecede o "antes". Foi preciso um primeiro "agora" para que se iniciasse o encadeamento que produziu o "antes". Para cada "agora", a partir de então, há sempre um "antes". O "depois", por sua vez, não necessariamente existirá. O "depois" é uma projeção que fazemos a certeza de que todo o "agora" tem um "antes". É essa noção de "antes" que nos faz antecipar um "depois." Mas até mesmo para podermos conceber o "depois" temos que torná-lo mentalmente um "antes". As tensões que o "agora" exerce sobre a realidade geram essa sensação de linearidade do tempo que criaram primeiro um passado e posteriormente a possibilidade de um futuro.

Se por um lado o "depois" não existe e é apenas mental, por outro, eventualmente, poderá ser um "agora". O "antes" jamais voltará a ser um "agora". E se apenas o "agora" tem o poder de realizar e só ele é real, o "depois", diferentemente do "antes", tem a potencialidade de assumir essa posição. Afinal, como vimos anteriormente, a representação simbólica do "depois" pelo elemento "fogo" ilustra sua relação com o "agora". Por um lado o fogo pode lentamente fazer evaporar a água, tal como pode o "depois" dissipar o "agora". Por outro, a água é sempre capaz de extinguir o fogo definitivamente, como pode o "agora" modificar ou mesmo suprimir o "depois".

Essa é a qualidade particular do "depois": ele é um desígnio do "agora". Se em dado "agora" não fazemos opções por possíveis "depois", ele se torna um desígnio dos "agoras" anteriores, ou seja, de todos os "antes". Ou o "agora" determina o futuro ou o fará o passado. Essa determinação do futuro é sempre fruto da estratégia de uma inteligência. Seja ela consciente como a que dispõe o ser humano ou coletiva como a que manifestam as espécies animais e vegetais, ou mesmo estrutural como ocorre com a própria matéria, essas inteligências moldam o futuro.

Qualquer estrutura ou organismo é a manifestação dessa inteligência e tem um propósito. O ser humano se diferencia de outras espécies ou mesmo da matéria exclusivamente por conta de sua inteligência, que percebe a inteligência contida em si. Com isso, por um lado, temos a vantagem de estratégias mais rápidas e eficazes do que espécies que dependam de ações coletivas, por exemplo. A inteligência coletiva demanda concordância, se não da unanimidade de uma espécie pelo menos de uma massa crítica mínima, o que pode ser um processo extremamente lento. Fazendo uso de sua sensibilidade ou genialidade, o ser humano pode engendrar perspectivas de futuro que, mesmo que não sejam compartilhadas por grandes grupos, podem ser comprovadas e ensinadas. Essa sofisticação de comunicação é o que chamamos de "consciência". Ampliamos nossa velocidade de produzir e modificar futuros. Nosso "depois" é influenciado não só por nossa própria experiência, como pelo acúmulo da experiência passada de todos e pela experiência de cada um de nossos contemporâneos. Somos exímios moldadores de "depois" e nos surpreendemos com a capacidade de ampliar nossos recursos e nossa longevidade como organismos.

Por outro lado, a intenção que nos dota de inteligência é oculta a esta mesma inteligência. Para que soubéssemos dessa intenção teríamos que partilhar da essência do Criador. Nesse sentido somos menos sábios do que nos imaginamos. Buscamos compreender essas "intenções" para que possamos usar os recursos de nossa inteligência para melhor promover essas intenções. Como não conseguimos entendê-las, nossa civilização produz essas "intenções" através da moral e de fundamentos. Os níveis mais profundos de nossa percepção dessas "intenções" sugerem cuidados de autopreservação, ou preocupação com nossa continuidade coletiva. Mas por mais que a intenção da Criação contenha essas necessidades de preservação individual e coletiva, elas não dão conta e não respondem pela totalidade da "intenção". Ou seja, possuímos excelentes recursos para produzir estratégias para nosso futuro, mas não sabemos muito bem quais são as "regras do jogo", ou a intenção implantada em nós.

Nossa inteligência enxerga o texto e até mesmo o contexto, mas não alcança as profundezas da experiência de uma "pedra esculpida". A intenção da existência se encontra num texto para o qual o contexto tem a mesma essência. Não é distinguível e, portanto, escapa à inteligência. Vamos disponibilizando novos recursos fantásticos, mas não sabemos, pelo menos conscientemente, para que fim aplicá-los.

A loucura de nossa "sabedoria" é que ela oferece cada vez mais recursos a cegos. Como se oferecêssemos aos cegos primeiro uma bicicleta, depois um carro, depois um jato supersônico. Quanto mais poderoso o recurso em velocidade e poder, maior o perigo a que o cego se expõe. É verdade que continuam existindo processos coletivos que possuem maior acuidade e sensibilidade para com essas "intenções" da vida. A questão é se serão capazes de dar conta da irresponsabilidade de dotar o "cego" de poderes que exigem cada vez mais aquilo que ele não possui – visão. Nossa civilização ainda debate se a "sabedoria" foi o começo de nosso fim ou o fim do nosso começo.

Enfim, para nenhuma outra espécie das que conhecemos o "depois" tem tanta relevância. O "depois" individual, por conta de nossa consciência, impõe responsabilidades pesadas ao "agora". Já o "depois" coletivo, por conta de nossos recursos cada vez mais poderosos e destrutivos, impõe inseguranças e riscos inéditos ao "agora".

O "depois" vem conquistando cada vez mais espaço em nossa civilização. Nunca havíamos experimentado tanta curiosidade e ansiedade em relação a nosso futuro, seja individual ou coletivo. Especulamos em ficção científica, especulamos sobre nossa preservação e especulamos até para definir a economia e os valores do "presente". O futuro dita até mesmo a "riqueza" de hoje. Talvez uma das grandes complexidades de nosso mundo seja a influência que tem o "depois" no "agora".

Seja como for, percebemos que o "antes" e o "depois" são componentes do "agora". O "agora" tem um componente que explica sua forma (antes) e um componente que é a consequência das escolhas nele feitas (depois). Os portais do "agora" com o sempre se encontram nessas três coordenadas que o definem. O "antes" representa uma fronteira do "agora" com o sempre através do momento original quando o tempo não era sequencial. Trazemos essa fronteira em nossa forma, ou melhor, no vazio, no registro do sempre, contido em nossa forma (Criação). Experimentamos a fronteira do "agora" com o "sempre" no presente através dos sentimentos que nos são surpreendentes – Revelações do momento. A fronteira do "agora" e do sempre em sua componente futura é a realização final da intenção. Sua consumação é a fronteira conhecida como Redenção. As estratégias do "agora" verdadeiramente comprometidas com o cumprimento de nossa intenção são a fronteira do "depois" com o sempre.

Para melhor compreendermos o "depois" como um componente do "agora" vamos nos valer de um importante conceito rabínico conhecido como "o mundo vindouro". Através dele conheceremos mais uma dessas fronteiras entre o "agora" e o sempre. Trata-se da fronteira do porvir.

O mundo vindouro

O FUTURO NOS PERMITE PERCEBER algumas armadilhas de nossa relação com o tempo. A sensação de um tempo que se sucede é o que fomenta a percepção humana do futuro. Descobrimos que a construção de modelos mentais permite maior eficiência em predizer o que acontecerá. Esses modelos prospectivos se tornam o mais frequente truque humano para se relacionar com a realidade. A educação e a cultura são contundentes em apontar este como o mais importante recurso humano. Aprenda do passado e projete para o futuro, é a formula básica que inculcamos às novas gerações.

Não é por acaso que vivemos numa civilização de constantes reavaliações e acertos por conta do desequilíbrio causado pela exagerada importância dada ao futuro. Qualquer tentativa de diminuir a relevância do presente, do "agora", resulta em desarranjo para o ser humano. A vida acontece no "agora" e a superposição de tempos é uma patologia. Todo aquele que vive no sonho da próxima viagem, do encontro que acontecerá amanhã, na possibilidade de mudar de cidade, país ou emprego, experimenta um "agora" distorcido. A calibragem do tempo é o que precisamos fazer constantemente, seja na pausa da noite, no fim de semana ou nas férias. O próprio "manual" do funcionamento da vida apresentado no Gênesis explica que no sétimo dia é fundamental descansar. Esse descanso não é uma necessidade física para recobrar forças. Todos sabemos que é possível repor energias com alimento e sono e que nenhum descanso semanal é necessário. Essa é a dificuldade de acreditarmos que seja imprescindível o "sábado". No entanto, esse tempo de pausa é imperativo para acertarmos nosso relógio interno. Afinal, o relógio interno é de precisão atômica porque nós somos compostos de átomos. O tempo sequencial da Criação está impresso em nosso ser da mesma forma que se manifesta nas pulsações e nos ciclos que permitem medições. Qualquer vivência de desacerto de nosso "agora" com o "Greenwich cósmico" provido pela Criação tem consequências desastrosas. Fora do "agora" nos deformamos. Inicialmente experimentamos uma deformação emocional e intelectual que rapidamente se alastra para deformações físicas. Se nada fizermos para consertar essa situação, ela progride e destrói. O universo não comporta nada vivo que não esteja no "agora". Lembremos que esta foi a preocupação de Deus ao não se revelar completamente a Moisés.

O futuro coletivo foi preocupação de profetas e adivinhos e o futuro individual das religiões. O que acontecerá conosco no futuro? Para onde vamos? Essas tornaram-se questões das quais nenhuma religião podia se eximir. Essa talvez seja a grande questão, o produto mais relevante que a religião no nível mais primário tem a oferecer: respostas para o que vai acontecer conosco. Inúmeras ideias e crenças se criaram para não deixar sem resposta essa pergunta. Renascemos, encarnamos, vamos para o céu ou para o inferno, ou purgamos numa espécie de centro de reabilitação cósmico. Todas essas tentativas buscavam preservar o conceito de um tempo sequencial. Sempre haverá um depois. Tal como crianças que perguntam "por quê" a cada "porque" respondido, não nos saciamos com os "e depois?". E assim a vida após a morte, com variações e temperos de toda sorte, é imaginada como uma eternidade de tempos sequenciais.

A noção judaica do "mundo vindouro" não escapa de muitas destas definições de um tempo em outro mundo constituído de infinitos "depois". Há, no entanto, algumas instâncias em que se intui que este "mundo vindouro" não é apenas uma função do futuro. O tratado de Pirkei Avot (Ética dos Ancestrais), parte da Mishna (séculos II e III), tem como primeira afirmação que todos[*] têm uma porção no mundo vindouro. Mesmo que não seja desenvolvido de forma explícita, este "mundo vindouro" é um lugar ou um tempo ou simplesmente uma realidade com uma representação no "agora". Segundo Pirkei Avot (ib.I:3): A sabedoria, a transcendência e a ética *(Torá, avodá* e *guemilut chassadim)* reduzem ou até mesmo eliminam a ilusão do tempo. Quando essa ilusão se desfaz, nossa porção no "mundo vindouro" fica reconectada. Como se não fosse um mundo do porvir, mas um mundo paralelo contemporâneo de cada "agora". Esse tempo tem como característica não existir. Não seria um tempo do depois de nossa vida, ou o depósito da morte, mas um mundo que só é percebido durante a vida. A consciência tem condições de pressentir essa dimensão na qual temos representação (uma porção), mas que é inexistente. Fora do tempo sequencial, o "mundo vindouro" é uma alusão do futuro da mesma forma que Deus se nomeia no futuro (Serei o que Serei). Não é uma conquista do "depois", mas o portal disponível a cada "agora" para o "sempre".

---

[*] Todos – o texto se refere a "Israel": "Todo o Israel tem um porção no mundo vindouro." No entanto, esta afirmação não tem um caráter etnocêntrico, já que em termos espirituais "Israel" não representa uma nação, mas todo aquele que, no sentido etimológico da palavra, "se debate ou contenda com Deus".

A sabedoria (Torá) em sua forma mais desenvolvida tem a ver com maturidade e tranquilidade. Quando caminhamos pela vida sem fantasias de controle e poder, simplesmente vivendo a alegria e a experiência do momento, nos libertamos da noção de finitude. A morte também é parte da vida e nosso desaparecimento não é uma descontinuidade com nossa existência. Por esta perspectiva, a existência ou a inexistência deixa de ser os parâmetros dominantes da consciência e prova-se o gostinho da eternidade.

Outra forma de sensibilidade a esse tempo paralelo é a transcendência *(avodá)*. Experiências de meditação profunda e transe permitem, de tanto em tanto, que embarquemos em sonhos despertos que distorcem o tempo. Sentimo-nos parte de um todo que vai além de nossa individualidade. Nesses instantes abandonamos o temor de nos esvaziarmos e desaparecermos da vida. Afinal, parte substancial de nosso senso de existência no dia a dia provém de reafirmações de nossa imprescindibilidade. Para produzir esse senso nos dedicamos a fazer e conquistar como forma de anular a angústia de esvaziar-nos. Se não fazemos, não somos. Aqui novamente a ilusão do tempo se expressa na percepção de que fazer e planejar fazer no futuro nos dá existência. A transcendência rompe com essa relação ilusória de existência.

A ética *(gemilut chassadim)*, por último, é uma sensibilidade que nos retira de um tempo pessoal e nos coloca diante do outro. Atos de preocupação e envolvimento com os outros rompem os limites de nossa individualidade ou mesmo de nossa existência. O dito "Se quiser salvar sua alma, salve o corpo de outro" correlaciona o eterno e o momentâneo. Se quiser experimentar um gostinho da eternidade, cuide de um "mortal".

O mundo vindouro deixa assim de ser uma projeção de nosso desejo sobre a realidade e se transforma na sensibilidade especial que tem o ser humano para experimentar o "sempre". Fazendo uso de nossa qualificação como "imagem e semelhança" do Criador, também temos uma representação na inexistência. Ressoa em nós um vazio maravilhoso que é um componente de nossa inexistência presente em nosso existir.

Novamente vemos que a morte não é uma fronteira com o nada. A morte é um momento como o nascimento. É um "bom" *(Tov)*, ou melhor, é um "muito bom" *(Tov Meod)*. Não há nada na morte que fuja à essência da vida. Cada momento de vida (incluindo o próprio momento da morte) é limítrofe com uma realidade externa à Criação. É nessa fronteira que os encontros com o Deus fora do tempo se fazem possíveis.

O máximo porvir não está à frente, mas ao lado.

Limites do "depois"

NA TORÁ (O PENTATEUCO) há um interessante detalhe sobre os preparativos para a Morte do profeta Moisés. E disse Deus a Moisés (Deut. 32:48):

> *"Sobe a cordilheira de Avarim, ao monte Nebo, de fronte a Jericó, e vê a terra prometida que darei a seus filhos; e morre no monte que hás de subir e recolhe-te a teu povo."*

Os comentaristas especulam sobre a necessidade deste cerimonial. Por que razão Deus mostra a Moisés, em seu momento derradeiro, a terra que não entraria? Não seria este um protocolo sádico? Já não há bastante tensão no texto pelo fato de não ser permitido ao profeta viver para ver a realização de seu projeto? Por que expô-lo a essa dolorosa vista?

A literatura rabínica é rica na descrição da angústia de Moisés diante da morte. O aspecto humano de Moisés é ressaltado por textos nos quais ele implora ao Criador para que não permita que morra. É neste clima que os comentaristas apresentam uma interessante interpretação. Para eles, Deus recomenda a Moisés que suba nestes montes para que possa justamente se consolar. Porém, se a preocupação do Criador é o consolo, como explicar sua sugestão de subir ao monte?

Subimos a lugares altos para que possamos ver mais longe.

O maior terror que temos da morte é não podermos participar das experiências que viverão nossos entes queridos no futuro. Haverá casamentos, festas e tantas situações em que não estaremos, e a dor deste sentimento não é desprezível. Deus teria querido, portanto, que Moisés olhasse para além do futuro próximo. Como se dissesse: "Não se preocupe com o que você não vai participar. Veja mais longe. Há tanto mais além e que você, mesmo seus filhos e netos não verão. São idas e vindas da História; tantos sucessos e fracassos; tantos nascimentos e mortes. Veja do alto do monte e descubra que o futuro não é a sua terra prometida. O 'agora', mesmo este que te parece tão fugidio e descartável, é nele que reside a tua eternidade. Entra agora no sempre e junta-te a teu povo."

Os nomes dos montes são uma evidência de que o texto alude a esse significado. A cordilheira de *Avarim* quer dizer "O monte dos Passados" *(avar)*. Sobe ao monte que te permite olhar para trás e ver os tempos passados. Quão longínquos e quão irrelevantes são esses tempos para tua existência "agora". E então te prepara para olhar para frente com a mesma certeza. Sobe ao monte *Nebo,* que significa "O monte da Visão". Com a mesma raiz da palavra *Nabí,* que significa profeta, esse é o monte da predição. O verdadeiro profeta não é aquele que prenuncia o porvir, mas que enxerga tão longe o "depois do depois" que se liberta do futuro. O profeta é apaixonado pela ação e, portanto, passional pelo "agora". Deus está ensinando sua criatura tão estimada a beber da fonte da inexistência aqui mesmo neste tempo sequencial. Essa fonte não é a morte e sua fronteira. Essa fonte é o "agora" vivenciado livre da ilusão do futuro.

A verdadeira sabedoria descarta o futuro como sendo a terra das respostas e dos segredos inatingíveis do presente. Eclesiastes, o livro bíblico da impermanência, diz isso claramente: "Não há nada de novo sob o sol." É esse tempo perecível do "agora" que contém nossa porção no mundo vindouro. Essa não é uma negação da imortalidade da alma, é uma negação da imortalidade como uma noção conspurcada de ilusões sobre o tempo. A eternidade da alma, como a eternidade de Deus, escapa à nossa compreensão do tempo. Impor a Deus uma eternidade constituída de tempos sequenciais infinitos é um antropomorfismo. Maimônides em seu *Guia dos Perplexos* afirmava que a imposição de conceitos temporais a Deus é uma forma de antropomorfismo, de fazer de Deus uma mera "imagem e semelhança" do humano.

Nossa expectativa de que haverá sempre um "depois" é um vício, uma ilusão. O interesse pelo "depois" surge como produto da finitude. É importante explicar que o futuro é uma invenção bastante recente em relação à criação do tempo. Vimos que o "agora" gera com sua passagem o "antes" e este, por sua vez, a racionalização do "depois". A consciência da finitude não é exatamente a mesma coisa que a morte. A morte antecede em muito a finitude que foi uma conquista da consciência bastante recente. A morte tem a ver com o tempo sequencial ou com o passado-presente-futuro; a finitude tem a ver com a experiência do tempo antes-agora-depois. Não há uma experiência eterna de "depois" porque não haverá uma experiência eterna de "agoras" para nenhum indivíduo.

Enumera os teus "agoras"

UMA DAS GRANDES FANTASIAS que nutrimos é a imortalidade. O sonho humano de deter a morte definitivamente não compreende o tempo. Há um pensamento linear que move a ciência a acreditar que os avanços médicos darão conta das doenças e ferimentos humanos e que descobriremos formas de deter nosso envelhecimento. Queremos com isso desativar o *"Tov Meod"* (o muito bom) da morte. O contrassenso está em não percebermos que a vida produziu a morte e que para erradicá-la teríamos que redefinir ou recriar a vida.

Nossa existência depende de possuirmos uma forma, porque tudo neste tempo sequencial tem forma. O tempo sequencial modifica estas formas e as transforma constantemente. Este é um processo incessante, diretamente ligado à existência e à experiência do "agora". Se algo não está se transformando, sendo e mudando *(becoming and overcoming)*, não apenas deixa de ter forma, como também não tem "agora". Em outras palavras, a proposta científica de conter o envelhecimento significa estabelecer um novo tipo de vida destituído de algo que é, na mais profunda estrutura da vida, "muito bom". Sem transformação não podemos existir. Se pararmos de mudar não experimentaremos o "consumo de formas" e deixaremos de existir. Portanto, essa imortalidade tão sonhada pela ciência se assemelhará a uma aberração da própria morte. A morte é em si um evento de transformação, o que a torna parte da existência. A imortalidade seria algo semelhante a tornar uma vida mineral. Da mesma forma que nos referimos a pessoas que perdem suas funções vitais mais essenciais como "vegetando", teríamos que considerar nossos "imortais" como "mineralizando". Não seriam nem parte da inexistência e nem parte da existência da vida. Tal "vida" seria marcada por distorções em seu propósito mais essencial. Haveria um colapso do tempo, uma vez que os monstros resultantes seriam destituídos de "agoras". Sem "agoras", não haveria um futuro. Seriam imortais justamente porque não teriam um futuro.

A extensão artificial da vida, sem que esta seja resultado de uma razão evolutiva específica, apenas retarda as transformações. Isso porque sem essa "razão evolutiva" não dispomos de novas formas para assumirmos, e sem formas, deformas e reformas não há tempo. Os "agoras" são uma função da transformação. Se fôssemos constituídos de gases ou matéria apenas, essa transformação se mediria em expansão e transformação. Como organismos, nossos "agoras" estão diretamente emaranhados com o envelhecimento. Nossos "agoras" são numerados e se fazem disponíveis na medida em que temos uma função orgânica para existirmos. Os "agoras" são uma função da transformação e nossa existência possui uma textura que pode ser alongada até um dado ponto. A partir dali a distorção é uma impossibilidade dentro da Criação.

Essa é talvez uma das grandes dificuldades que temos em compreender o que é o tempo. Sempre imaginamos o tempo como uma quantidade e não como determinante de uma qualidade. Mas o tempo só é mensurável pela transformação da forma. A perda de relações "orgânicas" (eco-cósmicas) da vida é o que se constitui num câncer. O que é um câncer senão células que não querem se submeter à disciplina do corpo, que trocam diretrizes qualitativas por quantitativas. Seu "ego" fica descontrolado, enlouquecido. No afã de devorar tudo que veem pela frente deixam de se importar com o organismo como um todo. Trata-se de células que trocam parâmetros de qualidade por parâmetros de quantidade. A imortalidade, com certeza, se encaixa estruturalmente na manifestação cancerígena.

É incrível perceber que por trás do câncer existem comandos inteligentes capazes de produzir tanta destruição. As informações que tomam a decisão por quantidade em vez de qualidade se mostram fatalmente competentes. O corpo não sabe muitas vezes como detê-las. A nossa inteligência pode assumir o mesmo padrão. Afinal, a imortalidade é a troca do todo pela parte. Representa o desprezo ao toque de maestria da obra da Criação, adjetivado que foi como *"Tov meod"* (muito bom).

A questão é que temos uma quantidade máxima de "agoras" definidos de antemão por conta de nossas qualificações e funções na realidade. E é isso que Deus quer mostrar a Moisés ao fazê-lo subir o monte Nebo. Visualizar que seus "agoras" nada têm a ver com o futuro remoto consola Moisés ao fazê-lo entender que não perderia nada. Não haveria nada a ser perdido deste futuro porque este seria composto de outros "agoras" para os quais ele não existiria. A incongruência de nossas fantasias nos faz muitas vezes sofrer por coisas que estão além da possibilidade de sofrimento.

Enumera, portanto, os teus "agoras". É neles, e não no futuro, que está o teu acesso à eternidade. No tempo sequencial o futuro só existe pelo consumo de "agoras", e os "agoras" são uma função da transformação. O "agora" jamais será uma ponte para levar-nos ao sempre. Este sempre não existe, pois nada da Criação é tão imutável para conhecer essa dimensão. O "agora" não se relaciona com um sempre no futuro, mas é um portal constante para a realidade fora do tempo.

Irreversibilidade do tempo

O TEMPO É UMA FUNÇÃO de propósito. Como se estivéssemos estipulando existencialmente que há um certo "processo" a ser percorrido. O processo representa a distância a ser percorrida e o tempo é uma função da velocidade de transformação. A distância (propósito) é percorrida pela multiplicidade de formas que vão se sucedendo e caracterizando a passagem do tempo.

No momento em que se estabelece uma relação entre tempo e propósito, o tempo deixa de ser objeto manipulável, ou seja, reversível, seja pela possibilidade de ser revisitado ou antecipado. Não se pode ir para trás no tempo porque não há propósito em ir-se para trás e não se pode ir para a frente porque sem a realização deste processo não há "para frente".

Estabelecer que o tempo é uma função de um propósito é o mesmo que estabelecer uma "crença" em Deus ou uma crença de que existe uma alteridade ao Universo. O Universo pode ser todas as partes, pode ser tudo, mas não responde pelo todo. Esta proposta metafísica deixa de fora o propósito que pertence ao sempre e que está fora do tempo e do que nele existe.

A palavra "crença" é uma palavra importante porque ela nos redime do provável pecado de estarmos produzindo uma verdade absoluta.

Um importante ensinamento de Reb Zalman Schachter diz respeito à linearidade de nosso pensamento. Essa linearidade é uma ameaça constante à má representação da realidade, e nenhum pensamento é mais linear do que aquele que nos faz elaborar o tempo.

O primeiro cuidado que devemos ter com pensamentos lineares (e inevitavelmente há rastros de vários tanto acima como abaixo) é que eles se constroem sob uma premissa e desenvolvem corolários até chegar a uma conclusão. Se desarmarmos um único elemento desta progressão "lógica", desmontaremos por completo o seu valor e sua relevância. Difícil produzir algum pensamento que não seja passível dessa desconstrução. Na verdade, é para isso que os pensamentos servem: são marcos no nada, mas que permitem comentários e críticas. Destes últimos se produz compreensão dos erros e do que as coisas não são e se definem perfis da realidade.

O grande problema da linearidade é que ela visa a conquistar nossa simpatia pelo encadeamento de causas e consequências. Como todas as causas são políticas, dificilmente salvamos alguma consequência. Mas, levando-se em conta nossas limitações, podemos compreender a partir delas. E Reb Zalman alerta para essa possibilidade. Quando usamos causa e consequência, nos tornamos o que ele chama de uma mente "digital". Digital quer dizer binária. Funciona com "sim" ou "não", "certo" ou "errado", "branco" ou "preto". A falta de um espectro mais amplo que possa manifestar todas as bilhões de cores que existem entre preto e branco é um artifício da mente digital para poder produzir afirmações.

Reb Zalman propõe uma mente "analógica" que possa, se não funcionar, pelo menos reconhecer que existe uma multiplicidade de "causas" que respondem, cada uma, independente e exclusivamente por uma consequência. Ele compara a mente digital com a capacidade de optar entre o espectro de 360 graus da realidade por um único. Certo ou errado produz uma verdade que é apenas 1 grau da verdade. Todos os outros 359 graus de "verdade" são uma mentira, uma ilusão ou um erro. A mente analógica é aquela que consegue, digamos, alargar seu espectro para 12 graus de amplidão. Qualquer um que tenha essa amplidão em torno de 30 graus terá dificuldade de comunicar-se com outras pessoas. Quando se chega aos 45 graus, nossa sanidade é colocada em questão. Imagine-se então quando ultrapassados os 180 graus de amplidão. A partir deste ponto, para cada verdade há uma contraverdade que não reduz a primeira, mas a expande e legitima.

É óbvio que nossa mente tem a função de afunilar e não ampliar para além de níveis suportáveis pela cognição. Se algo desmente algo, se o que entendemos desentende o que inicialmente havíamos entendido, nossa mente rejeita esse tipo de atividade. Sua função é aparentemente preencher, e não esvaziar. Diria melhor, sua função é preencher para permitir esvaziar, mas a segunda função lhe é externa e trata-se de "crenças". As crenças têm como encargo produzir o esvaziamento da atividade mental sem destruí-la.

Caracterizar a irreversibilidade do tempo não como um pensamento linear, mas como uma crença, é fundamental. As crenças não são incoerências na medida em que não são afirmações só baseadas em pensamento, mas em intuição ou sentimento. A tentativa de defender essas crenças raramente escapa de pensamentos lineares dos mais primários. Mas aceitá-las como esvaziamento do processo mental reconhecendo que parte de suas "incoerências" responde por verdades para além dos 180 graus da verdade é importante. Essa irreversibilidade intimamente ligada à existência de uma alteridade, a um outro, fora do universo, é uma crença. O objetivo maior deste livro é registrar que não é uma crença num outro "ser" ou mesmo "entidade" (eufemismo para falar de um "ser"), pois representam uma existência ou uma forma. Não é por acaso que Deus é em dado momento zoomórfico (adorado sob a forma de animal) e em outro antropomórfico (adorado sob a forma humana). A forma é a essência da existência e não conseguimos conceber nada que não seja sob alguma forma.

O Deus que se apresenta em Êxodo como um Deus sem representação de forma, que proíbe qualquer especulação sobre forma, é nitidamente um Deus que não é uma entidade, não é um ser. Este Deus é um Não Ser, ou como "Ele" mesmo coloca: Sou um tempo que não é tempo.

Querer reverter o tempo ou antecipá-lo é um pensamento linear que faz da forma uma realidade perene. Nada é mais efêmero do que a forma. Nada é mais vazio de essência própria do que sua manifestação como o "tempo". O tempo nada mais é do que uma direção deixada como rastro e imaginada como prosseguimento de um propósito que identificamos, mas não dominamos.

A linearidade do pensamento (e leia-se também do tempo, porque são uma mesma coisa) não é uma crença, mas uma afirmação retirada da experiência. Sua função maior é permitir-nos compreender que a verdade inteira não consegue se encaixar neste modelo. Esse lençol curto demais é um recurso fantástico para demonstrarmos aquilo que ora fica descoberto e, ao ser coberto, revela outra faceta que fica descoberta.

É importante distinguirmos os portais que nos permitem adentrar na realidade daqueles que nos fecham e aprisionam na ilusão. Imagine um carro. Há apenas uma chave que liga esse carro. Existem infinitas chaves, mas apenas uma dá a partida. Isso não significa que essa chave seja o grande segredo do Universo. Carros podem dar a partida com uma ligação direta, por exemplo. A própria fechadura pode ser trocada e qualquer outra chave pode ser usada para o mesmo fim. A nossa percepção fica muito influenciada pelo "poder" de uma chave específica. É claro, se tentar qualquer outra chave não irá funcionar, e isso parece um ensinamento absoluto. Mas não é. É verdade que podemos forçar a realidade com mágicas, tentando fazer qualquer outra chave funcionar no lugar daquela que realmente dá a partida. Porém também é ilusório cultuar a chave como sendo a responsável, o propósito máximo da realidade diante da qual estamos. Fazer isso é tomar a parte pelo todo, ou seja, mais do que ilusão é uma idolatria. A chave é um recurso desenhado, criado, para se lidar com uma dada realidade. Apesar de nos parecer como a chave, e funcionar como a chave, é apenas uma chave.

Assim é o futuro. Ele sempre nos parecerá o futuro. Construído de todos os "agoras" que o antecederam, não haverá outra "chave" para sua existência do que este futuro específico. Mesmo assim ele será apenas um futuro e não o futuro. Daí a razão da impossibilidade de avançar-se no tempo. Para isso teríamos que ter "o futuro", quando na verdade é um futuro. Gerar "o futuro", um destino imutável e, portanto, que possa ser visitado, é querer impor o mesmo erro que cometemos sonhando com a imortalidade.

Nossa única residência é o "agora" que talvez seja muito menos claustrofóbico do que imaginamos ser. Suas fronteiras com o sempre respondem pela amplidão que queremos projetar para frente no futuro ou para trás no passado. Por isso "antes" e "depois" respondem melhor pelo tempo que o passado e o futuro. Os últimos induzem ao erro de parecerem o território da existência. Só o "agora" e o propósito definem a existência.

Deus reside no "sempre" e não no "agora", Deus está externo ao propósito, e, portanto, não existe da maneira que nós existimos.

V.
INCURSÕES
NO SEMPRE

Um tempo que é um lugar

Uma das pistas que utilizamos para construir a ideia de um quarto tempo advinha da mística judaica que dividia a realidade em quatro mundos. Esses mundos se relacionavam com os quatro elementos. Além disso, utilizamos a menção litúrgica sobre Deus e que buscava definir sua "existência": "D' us é soberano, D'us foi soberano, D'us será soberano – para todo o sempre." Em vez de lermos apenas três tempos, considerando o trecho "para todo o sempre" como subordinado ao futuro (Deus será), fizemos desse um "quarto tempo". Para todo o sempre, como vimos acima, não é uma função do futuro. O sempre é um "tempo" independente que não se localiza nem no passado, nem no presente e nem no futuro.

Ao analisarmos essa expressão com mais cuidado, perceberemos dois outros importantes detalhes. O primeiro é que "presente, passado e futuro" não aparecem na ordem cronológica que esperaríamos, qual seja, "foi, é e será". A hierarquia, por assim dizer, do tempo sequencial é regida pelo presente. Passado e futuro sob a forma de "antes" e "depois" são relativos a um "agora". Lembrando que a Criação foi a criação de um primeiro "agora" que permitiu que Deus estabelecesse com um "antes" *(be-reshit)* o início da trajetória do relógio universal.

O segundo detalhe diz respeito ao fato de que o presente, o passado e o futuro são representados pelo verbo "ser" (é, foi e será). O verbo "ser" determina existência. No entanto, ao mencionar o "quarto tempo" a definição não é feita por existência. Em hebraico, a expressão *"le-olam va-ed"* se traduz "para todo o sempre", ou literalmente "até o infinito". No entanto, o substantivo *"olam"* exprime a ideia de lugar ou ambiente sendo comumente traduzido como "mundo". Seria algo como "o mundo de até", lembrando que "até" não é um advérbio que exclusivamente exprima tempo, mas também lugar.

O sempre seria mais bem representado, em nossa limitação conceitual, como um "ambiente" do que como um "tempo". Algo semelhante ao que vimos quando tratamos do conceito de "mundo vindouro" utilizado pelos rabinos. Lá tentamos observar a possibilidade de este "mundo" não ser uma realidade do porvir, mas um mundo paralelo.

Esta seria a razão de o nome de Deus estar sempre sendo apresentado no tempo sob uma forma inadequada ou constrangida. "Serei o que Serei" ou "compadecerei do que compadecer" são expressões que, como vimos, denotam um certo desajustamento ao definir o tempo dos verbos utilizados pelo Criador.

O mesmo não podemos dizer em relação a lugar. Um dos nomes que Deus recebe inequivocamente pelos sábios é *"hámakom"* – o lugar. Não há constrangimento em definir Deus como "o lugar" porque talvez essa seja a melhor maneira de apresentar o Criador como um qualificativo de tempo, e não espacial: o lugar é um tempo. Como se estivéssemos diante de um contrassenso: Deus em termos temporais é algo complicado de definir, exceto pela expressão que aparentemente denota uma "situação espacial". Essa conexão entre tempo e espaço não deriva de qualquer proposta da física moderna, mas de um olhar não linear ("analógico") acerca do Criador. O sempre no qual habita Deus é um "ambiente".

Essa percepção, como dissemos, não vem de nenhum cálculo ou modelo matemático, mas da intuição linguística que faz o hebraico confundir os verbos "ser" e "estar". Para a língua hebraica trata-se do mesmo verbo. Poderíamos voltar a traduzir nossa frase não como uma função da existência – é, foi e será – mas como uma presença – está, esteve e estará. Portanto, o tetragrama [YHOH] que nomeia Deus pode estar expressando não a "existência eterna", uma preocupação nossa, mas uma presença infinita.

Qual seria a diferença então entre "ser" e "estar"?

Por que seria tão importante expressar Deus como uma presença, mais do que uma existência?

Sempre – Tempo sem direção

O QUE FAZ O SEMPRE se assemelhar mais a um estado do que a uma existência é a falta de direção deste tempo. É extremamente difícil imaginarmos um tempo sem direção, sem um deslocamento. Toda a experiência que temos do tempo é contrária a este pensamento. O tempo se desloca e o faz na direção do hoje para o amanhã. Conhecemos o tempo apenas como um caminho no qual trilhamos. Esse tempo nos parece bastante concreto e atua como um parâmetro para a maioria de nossas medidas e proporções. Acostumados a um texto que é relato com início, meio e fim, temos que conjecturar um "ambiente" similar ao que experimentamos em nossos sonhos. Neles o tempo consegue se manifestar de uma maneira interativa. Como se tudo acontecesse num mesmo dado momento, o tempo fica disponível para interagir com todos os tempos. Não há mais sequencialidade.

Talvez o mais interessante dos sonhos seja que eles possuem um ponto focal para onde todo o sonho se dirige. O propósito de um sonho, talvez de forma semelhante à Criação, é conseguir expressar um determinado sentimento em torno do qual o sonho foi idealizado. O tempo flui para qualquer direção e os relatos não são inteligíveis do ponto de vista de um relato do tipo causa-consequência. Esse tempo de simultaneidade e de tráfego livre, sem direção, não produz existência. Ninguém morre por causa do que acontece no sonho. No sonho se está, mas não se é.

Para vislumbrarmos o que seria um tempo sem direção temos que fazer uso de todos os modelos disponíveis. Um, em particular, é de utilidade. Trata-se da "World Wide Web", a rede mundial conhecida como Internet. Esse meio de intensificar a interatividade nos trouxe uma nova visão do que seria um "ambiente". Seus conceitos são revolucionários no sentido de compreender a interação, algo de que não dispúnhamos no passado. Só identificávamos a possibilidade de conversas onde se alternasse a situação de "ativo" e "passivo". A interatividade da rede ativa tantos quantos forem seus participantes e oferece a possibilidade de compartilhar. O "ambiente" é o espaço desta partilha.

Depois da psicanálise, nenhuma outra manifestação cultural produziu tantos termos novos, a maioria deles tentando dar conta dos fenômenos desta interatividade. Palavras como "virtual", "tempo real", "site" ou mesmo "rede" abriram verdadeiros campos míticos até então inéditos. Estar-se sem que se seja (virtual); ou o "agora" que é descoberto como o "agora" em qualquer lugar da rede (tempo real); ou um lugar que não é físico, mas um ponto (site); ou mesmo a ideia de ativar-se ao se conectar com outros; são ampliações de nossa compreensão da realidade.

A verdade é que a Internet mistura os conceitos de tempo e espaço e dá preferência à conexão. Talvez a conexão seja uma forma mais sofisticada de descrever a realidade do que através dos parâmetros de tempo e espaço. Ainda estamos no início desta revelação, mas já percebemos que o tempo e o espaço não são coordenadas tão absolutas como pensávamos no passado. Nós os utilizamos porque são a melhor forma disponível para descrever os misteriosos processos que dizem respeito à Criação. A Criação, porém, parece ser mais uma função de interações do que de linearidade. Por esse conceito as coisas não são tão separadas ou tão diferenciadas como experimentamos. Processos profundos de interatividade estariam em funcionamento quando tomamos nossas pequenas decisões da mesma maneira que nenhuma forma desta Criação seria meramente um indivíduo, mas um ponto de uma fantástica rede. Nossas inteligências, sensibilidades e intuições estariam constantemente em conexão com um todo do qual sequer temos consciência. Isso seria em si a existência. Não seria, portanto, definida por um indivíduo que se sustenta a si próprio, como uma unidade independente, mas pela interação que estabelece com esta rede. Existir seria um efeito resultante deste compromisso de interações. Tentativas de ir muito mais além e derivar maior compreensão ainda são prematuras.

Seja como for, estamos lidando com novos instrumentos de descrição e novos recursos de imaginação. Estamos diante de uma rede que é maior do que a www, uma rede de extensão mundial. Estamos diante do conceito de uma UWW; uma rede de extensão universal. Ou talvez mais ainda, diante de uma rede na qual interagem não só todos os lugares deste Universo que são contemporâneos deste exato "agora", mas também todos os tempos simultaneamente. O Sempre seria então uma função desta interatividade de tempos que não têm direção. Este Sempre não seria uma função do futuro – para todo o porvir – direcionado, mas uma totalidade a todo o momento.

É intrigante que aspectos dessa descoberta de nossos dias estivessem intuídos nas Escrituras. Os Salmos (140:8), por exemplo, falam de um estranho "dia do beijo" quando nele ocorreria o beijo dos dois mundos. "Beijo" é a melhor palavra possível para tratar da questão da conectividade. O que é um beijo? É a tentativa física de criar uma interface. Duas faces se conectam e tentam passar *(download)* uma emoção que não conseguiriam passar sem a conexão física. Esse *"download"* é apenas uma amostra superficial daquilo que a realidade pode fazer acontecer. Esse beijo pode evoluir para uma conexão onde até material genético é transmitido *(downloaded)*. Essa nova ordem de "beijo" é apenas uma ínfima amostra das profundezas pelas quais a informação está constantemente sendo transmitida e recebida.

Os dois mundos, no entanto, nos trazem de novo ao conceito de "mundo vindouro" como um mundo paralelo à espera de "beijos". E novamente a descrição dos rabinos acerca deste mundo é bastante inspiradora. No Talmud (Bab. Berachot 17a) em nome do sábio Rav é dito: "O mundo vindouro não é como esse mundo. Lá não existe comida, bebida, procriação, comércio, inveja, ódio ou rivalidade. Os sábios se sentarão com suas coroas à cabeça e usufruirão a radiância da Presença."

O modelo que hoje possuímos descreveria essa cena talmúdica em termos de uma rede. Os sábios habitarão uma realidade fora do tempo e da forma – eles estarão, mas não serão –, daí serem desnecessários tanto os alimentos, a procriação e os sentimentos de preservação próprios daqueles que, existindo, querem manter-se. O fundamental, no entanto, são as coroas sobre sua cabeça usufruindo a Presença. Essas coroas seriam literalmente os nós, os sites, que representariam o ponto, a coordenada em meio a esta grande rede que é a realidade. Na *Ética dos Ancestrais* (3:20), essa rede assim é descrita pelo mestre Akiva:

> *"E a rede está aberta sobre tudo o que é vivo. A loja está aberta, o guardião da loja oferece tudo a crédito, o livro de contabilidade está aberto, e a mão nele*

anota, e todo aquele que quiser fazer uso que venha e faça; e os coletores fazem seus turnos continuamente, e recebem os pagamentos seja voluntariamente ou não, pois possuem promissórias. E o equilíbrio é um equilíbrio absoluto e tudo isso torna possível o banquete."

É a conexão que estabelece essa rede. Ela é interativa, ninguém é ativo ou passivo, mas ambos. O texto refere-se a isso pela responsabilidade de que há uma contabilidade exercida não de forma punitiva, mas pela própria condição da interação. Tudo influencia tudo e não se fica de fora deste processo em momento algum. Neste grande supermercado do Universo o banquete só é possível por conta dessa interação absoluta de tudo com tudo. A Presença é fruto da própria conexão com o Todo. Não sendo mais uma parte isolada, mas estrutural do Universo, nos banhamos na radiância dessa Presença.

O mundo vindouro é a possibilidade de sermos um ponto da trama da vida. Ele está disponível não no futuro, mas agora. Essa é a coroa de que falam os rabinos. Talvez possamos visualizar essas coroas de uma forma mais "analógica". O *Zohar* (III, 70a), texto clássico da Cabala, assim se refere a elas:

"Deus oferece dez coroas superiores com as quais se adorna e se veste. E Ele é elas e elas são Ele. É uma única coisa tal como estão misturados a chama e o carvão que a incandesce."

As conexões são chamadas de "coroas" e são elas que fazem com que *Ele seja elas e elas sejam Ele*. Essa é a maneira que tem nosso texto de falar sobre interatividade. A grandeza de participar desta rede, de não se estar fora dela, é descrita por outro texto do século IV, intitulado *Ialkut Shimoni* (II, 916):

> *"Quando um feto é criado, uma luz se acende sobre a sua cabeça (uma coroa) e através dela ele pode fixar seu olhar de um fim da eternidade até o outro. Como está escrito: 'Quando a lamparina brilhar sobre sua cabeça.'"*

Essa coroa (luz) é a maneira pela qual podemos espiar de um lado ao outro da eternidade. Não porque podemos olhar uma linha que vai do passado ao futuro, não uma direção, mas porque podemos nos perceber como parte da rede. Somos, tal como na pedra entalhada, tanto os protagonistas do texto e da narrativa, como somos, nós mesmos, o texto.

Quando experimentamos essa conexão com o Todo do qual somos parte, momentaneamente provamos o "sempre". Seu gosto está entranhado em nossa existência, mas não é ela. Nossa existência é, ao contrário, um véu que vela o sempre do qual somos parte. Essa coroa, como um site, é nosso cordão umbilical na rede da eternidade.

Um modelo de inexistência

O QUE A INTERNET NOS fornece é um modelo para interagir com algo que existe mas não está em lugar algum. É claro que estamos falando de um modelo rudimentar, mas a mente humana necessita de elementos concretos, o que de todo não é uma limitação. Sabemos que a abstração é muitas vezes o inimigo que nos leva por trilhas de ilusão. Lembro-me que certa vez, durante uma aula para crianças de oito anos, abordamos a ideia de que Deus não teria forma. Enquanto me esmerava para explicar o que isto significava, provavelmente eu mesmo não sabendo do que falava, uma menina interrompeu e disse: "Desenhei Deus!" Por um momento eu e os demais alunos ficamos atônitos. Eu acabara de dizer que Deus não tinha forma, que tipo de desenho poderia ela ter feito? Quando pus meus olhos sobre o desenho vi vários riscos trêmulos. Perguntei: "Isso é Deus?" Ela respondeu: "É Deus... quer dizer... isso é uma gelatina. Ela é como Deus, não tem forma."

Realmente nossa mente formula abstrações, mas muito provavelmente aquilo que não vemos toma a forma infantil de "gelatinas". Nossas atitudes como adultos muitas vezes refletem a incapacidade de incorporar estes conhecimentos que permanecem como modelos mentais desconexos de nossa interação com a vida. Essa é a importância de coisas práticas, eventos concretos, que nos façam interagir com as abstrações mentais. Deus é, com certeza, a maior dessas abstrações. Pessoas que dizem crer plenamente neste Criador de forma sofisticada elaboram desenhos mentais de um Deus "gelatina".

A importância da Internet é justamente essa. É algo que aplicamos diariamente e que está nos despertando para possibilidades novas. As mentes do futuro terão esse grande laboratório interativo à sua disposição para internalizar muitas dessas abstrações que em nossos dias não passam de modelos de "gelatina".

Usando a linguagem da Internet poderíamos construir o seguinte modelo: o Criador está na rede, mas não é a Rede. Está em todo o lugar, mas não está em lugar algum. A espiritualidade e o misticismo querem fazer com que percebamos que somos contemporâneos de Deus. Infelizmente para muitos, só é possível perceber esta contemporaneidade ao deparar-nos com a morte. Quando despertamos para o fato de que nossa existência é passageira, redescobrimos nossa conexão com o Nada. A concretude da morte desperta as pessoas para tentar integrar modelos da não existência com a realidade. A Internet veio dar-nos uma pequena amostra de que somos também "conterrâneos" de Deus, que habitamos um mesmo chão. Chão que não tem metragem, mas cruzamentos. Chão onde a realidade está mais próxima do sonho do que do despertador. O lugar de absoluta interatividade é onde Deus reside.

É interessante notar que a experiência humana de interagir se manifesta através de algo muito concreto – o afeto. Quando falamos de interação no sentido pleno, não estamos falando dos meios de comunicação, porque afinal são apenas meios. Estamos falando dos fins de comunicação. E quais são eles? São invariavelmente os afetos. Queremos comunicar afeto e ser correspondidos por afetos. Até mesmo Deus é um símbolo universal de afeto. Algo "se preocupa" ou "tem interesse" em mim neste cosmos. Esse sentimento não é apenas o efeito de uma carência ou de um desejo autorrealizado. É a própria razão de nossas vidas. O afeto é tudo que nos importa na existência. Sem afeto, sem afetarmos ou sermos afetados, a morte ou o desaparecimento (a não existência) nos são melhores. Veja a reação dos velhos quando perdem essa capacidade de afetar e ser afetados. Não só preferem a morte como a cometem. Esse desligamento da vida que identificamos muitas vezes como uma desistência não é tão negativo. A perda de conexão com a realidade coloca a existência em contradição com a vida. Deixa-se de existir justamente porque não nos comunicamos mais com o mundo. Afinal esses são os mortos: aqueles que não se afetam e não são afetados pelos vivos.

Isso não quer dizer que, em outra esfera, num mundo vindouro talvez, aquilo que os gerou como um potencial interativo (ou de afeto) não proporcione outras formas de interatividade. O Sempre talvez seja essa bolsa, esse reservatório eterno de interação. E essa provavelmente é a maior contribuição que podemos fazer: reconhecer o Sempre não como um tempo, mas como uma medida de interações.

Se olharmos de perto veremos que o próprio tempo nada mais é do que uma medida de interações. O nosso tempo entra em "câmara lenta" quando estamos sendo profundamente afetados por algo; ou se torna eternamente tedioso quando não somos afetados. Nesse último, o tempo voa e se perde quando não somos afetados, mas se torna eterno quando há afeto. Lembremo-nos da ideia de Reb Nachman de que um evento afetivo permanece acontecendo sempre. Segundo ele, nossa memória é mais do que uma lembrança – ela reproduz virtualmente todos os momentos afetivos que já vivemos. Eles não são eventos do passado, mas eventos do Sempre. Sua conectividade é tão intensa que eles passam à categoria da existência. Podem nos influenciar no momento, mesmo que não estejam acontecendo, e podem nos fazer suar, chorar, matar ou morrer. Deus é esse afeto cósmico. Não é um prisioneiro de uma existência que reflete apenas uma interação momentânea, mas eterna. Deus é uma memória afetiva presente em tudo deste Universo. Portanto, não é absurdo dizer-se matematicamente que "Deus gosta de mim". Trata-se de um gostar oriundo de uma esfera fora de nossa realidade, justamente porque é eterno e da dimensão do Sempre. Afetado e Afetante, Deus é a razão proveniente do Sempre, para nossa própria existência.

Nossas vidas são mais interativas do que nosso ego percebe.

Ao ego é dado administrar um certo contrato de interatividade, uma encarnação. Mas ao retornarmos à terra, à bolsa de interatividades da qual somos provenientes, nos refazemos sob outra forma dando continuidade à Criação. Cada re-vida é um novo contrato de interatividade que egos, *self* ou organismo tentarão preservar enquanto houver interatividade que justifique esta forma. Por isso tratamos a morte não como um retorno definitivo à Inexistência, mas como uma reconexão com essa inexistência com a função de nos recarregar para novas manifestações de existência. Quando uma dada existência não consegue conter afeto, ela se decompõe com a função de reciclar e encontrar outra forma para conter este afeto.

O Sempre é um modelo de inexistência porque fere nossa percepção maior que é o tempo. Pensar o Sempre é estar pensando a inexistência. Ou seja, o tempo em sua manifestação absoluta é um "ambiente". Ele se espalha tridimensionalmente em vez de se mover por um único sentido, numa única direção. Deus é, portanto, percepção que exprime ensinamentos tanto sobre o tempo como sobre o significado de estar-se fora da existência.

VI.
INCURSÕES NA INEXISTÊNCIA

Afeto e presença

CONTA-SE QUE CERTA VEZ a filha de Reb Zalman*, ao despertar de manhã, veio ao pai com esta pergunta: "Pai, se a gente acorda de estar dormindo, é possível acordar de estar acordado?" Ela queria saber se seria possível estar-se num estado mais desperto do que o costumeiro. E a resposta é que sim. Existem maneiras de acordar-se cada vez mais, mas o que significa isso?

Estar desperto é uma função de interatividade. Quanto mais interativos, mais despertos estamos. Talvez colocando de forma menos abstrata, quanto mais afeto se investe mais desperto se fica. A questão inicial seria determinar quando é que estamos despertos. Nesse sentido, as tradições Zen e Hassídica podem nos ajudar.

O grande mestre e poeta taoísta Chuang Tse se pergunta após ter sonhado ser uma borboleta: "Bem, não sei direito: era eu um homem sonhando ser uma borboleta, ou sou eu uma borboleta sonhando ser um homem?" Pergunta semelhante por outro ângulo é feita pelo hassidismo**. O filho de um mestre lhe pergunta:

---

* Reb Zalman Schachter Shalomi, líder e fundador do movimento Renewal, hoje professor em Naropa Institute, CO.
** Hassidismo: movimento judaico de renovação espiritual fundado por Israel Ben Eliezer (1698-1760), o *Baal Shem Tov*, na primeira metade do século XVIII, na Europa Central. Este movimento resgata práticas místicas que incluem a Cabala, além de cânticos, danças e, sobretudo, lendas e fábulas que retratam a ética e a visão de mundo dessas comunidades.

"Se há pessoas perambulando pelo Mundo da Ilusão acreditando que estão vivendo suas vidas regularmente, talvez eu também esteja vivendo neste mundo de Ilusão?" Seu pai então respondeu: "Se uma pessoa sabe que há um Mundo de Ilusão, este é em si um sinal de que não vive num Mundo de Ilusão."

Mais do que uma afirmação mental, o mestre hassídico está determinando que uma medida mínima de conexão com a vida é tudo o que precisamos para não nos perdermos de nós mesmos. O mestre não está dizendo "penso, logo existo", mas "troco com a vida, logo existo". Interagir é o que pai e filho estão fazendo. O próprio ato de perguntar é uma interação (seja de pai-filho ou discípulo-mestre) que justifica "aprender". Mais ainda, há uma medida de afeto nesta troca de pergunta e resposta que verdadeiramente responde à dúvida acerca do dentro ou fora, do real ou do ilusório. É o afeto que nos oferece uma âncora à realidade. Nossa presença depende do grau de interatividade e essas pessoas que estão no Mundo da Ilusão são aquelas que se isolam em si mesmas. Qualquer indivíduo ao interagir conosco nos obriga a estar presentes. Essa é a razão pela qual muitas vezes a loucura não admite companhia.

Podemos perceber que a existência é uma medida de interação quando pensamos sobre o dormir. É comum em minha prática de rabino, e aprendi isso de amigos psicanalistas, que ficamos com sono quando não há afeto. Se uma pessoa começa a nos contar algo que não é o que gostaria de nos dizer, se aos poucos vai se fazendo menos presente, aquele que escuta vai perdendo contato com a realidade. Não é o tom de voz, nem a iluminação que nos mantém acordados, mas o afeto. A sonolência se instala quando estamos sós, perdendo contato com o mundo. Quando somos obrigados a focar a atenção em uma pessoa que não está lá vamos sendo adormecidos. Quem sabe essa é a razão pela qual nossa consciência desperta? O sonho, uma vez tendo cumprido suas funções de digerir e reciclar os afetos vividos no dia anterior, não é capaz de proporcionar interação. Acordamos em busca de sermos mais despertados. Sonhamos para despertar, já que o sonho elabora questões do afeto que abandonamos seja lá por que razões, mas acordamos porque, uma vez cumprida a sua função, o sonho não nos oferece a oportunidade de novas interações. Essa é também a questão daqueles que sonham acordados em vez de interagir com o mundo à sua volta. Seu isolamento é uma prisão, uma falta de presença. Voltando à pergunta da filha de Reb Zalman, não só podemos acordar de estar acordados, mas podemos ser colocados para dormir de estarmos acordados.

A hipnose é basicamente isso. Retira-se do indivíduo a presença por entediá-lo na solidão de uma interação que não existe, que é uma mera repetição. Fica-se em um estado "acordado" que é similar a estar dormindo. Uma pessoa sob hipnose perde a presença por falta de interação. Provavelmente a hipnose é semelhante à discussão que fizemos anteriormente sobre a imortalidade. Para sermos imortais não podemos nos relacionar com um mundo em transformação, porque, como imortais, não nos modificamos. Um imortal não perceberia a vida e perderia presença. Viveria, sim, para sempre, em um mundo que não é este mundo de interações.

Precisamos de afeto para estarmos despertos. Quanto mais afeto, mais real é o mundo. A ideia rabínica de que no mundo vindouro se usufrui a Presença divina é uma maneira de dizer que este é um mundo de intensa interação. O Sempre é um lugar de interação onde ninguém dorme. Não dormem porque seu afeto é tão intenso que não são colocados para dormir como também não precisam de mecanismos de digestão desses afetos.

Uma história hassídica oferece a medida exata do que é afeto. Após mostrar sua casa a um visitante, este pergunta ao mestre: "Muito bonita, mas há algo que não entendo: as cortinas na janela. Se você quer que as pessoas olhem para dentro, por que cortinas? E se você não quer que elas olhem, por que janela?" O mestre respondeu: "Porque um dia alguém que me ame e que eu ame também vai passar por aqui e juntos vamos remover a cortina." O afeto é o que permite que estejamos juntos, mas, ao mesmo tempo, que não nos misturemos. Essa interconexão, em vez da mistura, é o que produz presença. Ou seja, é uma medida, um equilíbrio, entre estar-se separado e junto.

Deus é essa Presença absoluta que não está em lugar algum e que inexiste em nosso tempo e espaço. É a certeza de que a todo momento "alguém que nos ama e que nós amamos também" vai passar e queremos estar despertos para esta ocasião. Portanto, reconhecer o ocultamento de Deus é uma maneira íntegra de se retratar a realidade. Por outro lado, negar sua Presença demonstra insensibilidade ou ilusão quanto ao grande afeto que reside na rede da realidade. Há algo que nos ama e que amamos, o suficiente para querermos ter uma janela, mesmo que nossa preservação exija uma cortina.

Não se trata da presença que estamos acostumados a experimentar no "agora", mas a meta-Presença que habita o Sempre. O Sempre é uma espécie de meta-Agora, um agora sem direção cuja essência não é feita de transformações que modificam o tempo, mas de afeto. O tempo da Criação é regulado pela incessante dinâmica da forma. O Sempre, pelo incessante propósito do todo, ou seja, daquilo que nos afeta e sobre o qual afetamos.

Esta é a teoria mais importante e talvez mais revolucionária do misticismo judaico: reconhecer-nos como parceiros de Deus. Um Deus que precisa de nós é, no mínimo, inquietante. A razão desta "necessidade" estaria no afeto que depende de um outro. Mas como pode Deus, que não tem forma, carecer de qualquer coisa?

O tu que não existe

DEFINIMOS DEUS NÃO COMO uma existência, mas como uma Presença. É assim que no mundo vindouro Ele é percebido. Porém, mais que isso apontamos para o fato de que a interatividade contempla uma relação que não é apenas entre um sujeito "ativo" e outro "passivo", um que necessita e outro que agracia. O pensador medieval Moisés Maimônides, cuja obra buscou integrar a teologia judaica com a filosofia e a metafísica, é bastante contundente em afirmar que Deus não tem necessidades. O que define o Criador é que ele é um "doador universal", nunca um "receptor". Deus dá, Deus não precisa receber. Ou melhor, Deus é sempre o interlocutor "ativo" e a criatura, o "passivo".

Um outro rabino, quase contemporâneo de Maimônides, parece discordar. Trata-se de Ibn Gabbay, para o qual o "serviço humano é uma necessidade cósmica". Talvez como predecessor da Cabala de Isaac Luria*, que postularia serem os seres humanos parceiros de Deus no processo de "acerto do cosmos", Ibn Gabbay vislumbrasse uma relação mais refinada entre Criador

---

* Isaac Luria (1534-72). Cabalista do século XVI. Revolucionou o estudo do misticismo judaico atraindo grande número de seguidores que lhe deram o título de Ha-Ari, o Leão, por conta das iniciais de seu nome. Entre suas ideias inovadoras está o conceito de *Tzimtzum*, segundo o qual Deus se contrai gerando um vazio que comporta a Criação.

e criatura. A interação, como dissemos, não é uma alternância entre "ativo" e "passivo", mas algo que define ambos os polos que interagem. Um não é sem o outro e a realidade não existe nesses polos, mas na interação.

A perfeição que para Maimônides define a divindade de Deus impede que o Criador tenha qualquer necessidade. Luria, por sua vez, não define a perfeição como a ausência de necessidade, mas justamente como a capacidade de reconhecer a necessidade. A busca de comunicação e interação é uma necessidade não por conta de imperfeição, mas por ser a própria função daquilo que é perfeito.

Quanto mais interativos, como vimos, mais afetivos e mais despertos somos. A consciência suprema não é algo desvinculado, isolado, mas uma conectividade absurda que faz dessa Presença que denominamos Deus o Desperto dos Despertos.

O que Ibn Gabbay está dizendo é que, cada vez que interagimos com Deus, Deus se fortalece. A cada interação Deus (e nós também) desperta mais. Como se esse universo se dividisse não em luz e escuridão, que denotam valor moral, ou entre "bem" e "mal", mas entre desperto e adormecido. A realidade desperta é a realidade da qual fazemos parte e à qual tentamos desesperadamente nos apegar. Somos em última instância seres ou manifestações teo-trópicas. Tal como as plantas crescem na direção da luz, nossa essência quer crescer para Deus. Queremos acordar para uma realidade menos adormecida. Tudo o que fazemos tem como objetivo maior ampliar a consciência. Essa consciência, no entanto, não diz respeito à experiência linear do tempo sequencial, como se existissem conhecimentos externos a serem desvendados. Essa consciência não se adquire sabendo, mas interagindo. Talvez não seja tão fundamental a existência como queremos demonstrar em nossas crenças e cultura.

Para nós, indivíduos diferenciados, a existência nos parece o supremo bem. Preservar nossas vidas através de nosso corpo nos parece o valor máximo. Mas talvez essa existência não seja dada pelo corpo, sendo esse apenas um meio para a possibilidade de interação e de despertar, esses, sim, nossos bens supremos. Uma pessoa que pouco interage ou que se isola adormece a ponto de tornar a sua vida um martírio. O suicida se sente tão alijado do "supermercado" de trocas que é a vida (sendo essa troca o seu maior desejo) que prefere abrir mão de sua existência física, visando a qualquer outra condição que o recoloque no mercado de trocas e interações com o universo. As razões do suicida não são absurdas, são obviamente humanas e tentam dar conta de necessidades reais. É a perspectiva de sua condição que é definitivamente equivocada, uma vez que não há, por definição, este lugar de isolamento absoluto, de não interatividade.

Para Martin Buber o ser humano se torna um "eu" por conta de um "tu", e quanto mais encontre o eterno "Tu", mais cristalino fica o seu "eu" na consciência. Na verdade, Buber tenta desenvolver um conceito de experiência que não tem centro no indivíduo, mas na relação. Como se a existência não se expressasse no corpo, mas na presença que depende de um outro, de um Tu. Deus seria essa Presença que nos permite um "eu". Seria não apenas nosso criador porque nos criou do nada no passado, mas porque nos recria do nada a todo momento fazendo-se parceiro em nossa interação com a realidade.

Essa interdependência do Eu e do Tu estabelece uma rede na qual nem um nem outro são o ativo ou o passivo, mas são interativos. Para um ser, o outro tem que ser. E a descoberta do monoteísmo é que cada "eu" não precisa de um "tu" particular. Um único Tu basta para todos os "eus" existirem. Ou melhor, a única maneira de representar a interconexão de tudo é reconhecendo que só existe um único Tu. Essa referência absoluta torna conectada toda a rede e é o princípio básico desse "ambiente" que é maior do que o universo e que denominamos Sempre.

Transportar alguns desses conceitos para parâmetros de tempo pode ser ilustrativo. Havíamos dividido (veja o quadro da página 22) os quatro mundos da tradição cabalística como componentes do tempo: 1) o mundo físico, como o mundo do presente, do "agora"; 2) o mundo emocional, como o passado; 3) o mundo intelectual, como o futuro; e 4) o mundo espiritual, como o sempre. E a cada um associamos uma pessoa. O presente é o tempo do "eu", o passado do "nós", o futuro do "eles" e o sempre do "Tu".

Portanto, colocar a existência do "eu" como uma relação constante com o "Tu" equivaleria a dizer que o "agora" existe por conta de sua relação com o Sempre. O tempo se torna um "agora" através do Sempre. Há um umbigo, uma interatividade entre o "agora" e o Sempre, que faz com que os mundos daquilo que existe no tempo e aquilo que não existe no tempo se encontrem.

Há uma menção talmúdica que diz: "Venha e veja onde a Terra e os Céus se beijam mutuamente" (Baba Batra 74ª). Como havíamos mencionado, o beijo é simbólico de relações de interatividade e de troca. Essa passagem de informação afetiva é a maneira universal de manter-se desperto. Lembremos que nos quatro mundos o "agora", além de ser o mundo do "eu", é o mundo do elemento "terra". O Sempre, por sua vez, além de ser o mundo do "tu", é também o do elemento "ar".

O céu beija a terra, o ar beija a terra, ou seja, o "Sempre" beija o "agora". Há uma transmissão constante, um beijo, entre o "agora" e o Sempre que conecta a existência no tempo e a existência fora dele. Da mesma forma que não dá para ser "eu" sem esse Tu divino, não dá para haver "agora" sem esse Sempre em rede.

O que oferece realidade ao "agora" e o que permite a existência no momento presente é o "sempre". Sem essa ponte, o "agora" seria adormecido como o passado e o futuro dormem. Ou, em outras palavras, o "agora" nunca passou pelo passado e nunca passará pelo futuro. Essa é a nossa ilusão. O "agora" é parte de uma malha paralela a tudo que existe. Tal como o Sol parece girar em torno da Terra, o "agora" parece caminhar pelo tempo. No entanto, é a transformação de um indivíduo (ou coisa) que, ao variar de forma, toca e interage com o Sempre produzindo um "agora". Ou seja, nós passamos por diversos pontos dessa malha eterna. Nosso rastro é o tempo sequencial.

Tal como existir é o rastro do "eu" em suas interações com o Tu, o tempo é o rastro do "agora" em suas interações com o Sempre. A existência e o tempo são um efeito de uma rede de profunda interatividade, de uma rede extremamente, profundamente, desperta.

O eu que não existe

Um dos grandes mistérios da mística judaica se encontra na relação entre as palavras "ani" (eu) e "ain" (nada). O fato de serem escritas com as mesmas letras arranjadas de forma distinta lhes confere uma conexão repleta de significado.

Conhecemos hoje da *gestalt* o que se denominam figuras reversíveis. Essas figuras permitem mais de uma interpretação perceptiva. A mais famosa delas é a figura de Rubin constituída de um vaso cujas laterais configuram dois rostos humanos. A denominação "reversível" vem do fato de que, se nos rendemos a uma percepção, a outra desaparece imediatamente. Se enxergarmos momentaneamente duas faces, não enxergaremos o vaso, e vice-versa.

Para a Cabala o "eu" e o "nada" funcionam da mesma maneira. São figuras reversíveis – se vemos o "eu" perdemos a noção do "nada"; e se vemos o "nada" perdemos a noção de "eu". Mas seriam facetas de uma mesma coisa?

Quando Deus Se revela no Monte Sinai, o primeiro dos Dez Mandamentos começa com a palavra "Eu" *[sou Teu Deus]*. Esse "Eu" é o mesmo *Ein Sof* – o sem-fim – que é tudo e é nada. Como um Deus que se confunde com uma rede – está em tudo e não está em nada. É "ani" e é "ain" – eu e nada.

A pergunta que se configura é a seguinte: se Deus é o Tu absoluto, haverá um "Eu" que é a identidade desse Tu ou trata-se de uma referência vazia? Ou, simplesmente, esse Deus que localizo fora do tempo é inacessível? Haverá alguma entidade, alguma identidade em Deus com a qual possamos nos relacionar?

A verdade é que para ser um Tu, Deus tem que funcionar como um Eu. Mas é um eu tão absoluto que é nada, inexistente. O Ani (eu) absoluto é ao mesmo tempo um Ain (nada).

Um tratamento interessante a essa questão oferece a tradição hassídica. Ao abordar a interação do "eu" e do "tu", ela o faz de forma distinta da proposta de Buber. Na escrita do filósofo Abraham Ioshua Heschel* vemos uma tentativa de explicá-la:

> *"Quando rezamos o 'eu' se torna um 'isso'. E essa é a descoberta: aquilo que para mim é um 'eu' é para Deus um 'isso'. É a graça divina que confere eternidade para essa parte de nosso ser, normalmente descrita como o* self. *Portanto, ao rezar começa-se como sendo um 'isso' na presença de Deus. Quanto mais perto chegamos à Presença Dele, mais óbvio se torna o* absurdo *que é o eu: o 'eu' é poeira e cinzas, pois assim diz Abraão: 'Sou poeira e cinzas.'"*

Quanto mais próximos de Deus mais o nosso "eu" se aproxima de "nada". Deus, então, é o Tu que permite o "eu" e cuja Presença me faz "nada". Esse nada, porém, é a própria potência da vida. Tal como a inexistência é a fonte da qual se nutre a existência, ou como do "sempre" se sustenta o "agora", também nossa inexistência é parceira de nossa identidade.

---

* *The Insecurity of Freedom*, 1966, p. 255.

Essa é a razão de Deus não permitir a Moisés desfrutar de maior intimidade além da que já experimentava. Mais proximidade e o "eu" de Moisés se tornaria um irreversível "isto". Moisés adormeceria e se perderia o afeto, a conexão que ele representava na Grande Rede. Deus não podia se fazer mais "eu", ou menos "nada", para não destruir os receptáculos da Criação. O "eu" e o "agora" são estruturas muito frágeis.

Quanto mais o "eu" e o "agora" se aproximam dessa realidade interativa, mais se desfazem. Por isso o "Eu" de Deus se esconde por detrás da Criação. A Criação é a "cortina" que permite a interação sem que se perca a existência. A própria Cabala de Isaac Luria imaginava essa realidade. Segundo ela, Deus teria tido que se contrair para que o universo fosse criado. A inexistência, o vazio que Deus produz em Si, é um fundamento para a existência de qualquer coisa.

É esta fresta de entendimento que estamos tentando desvendar. Deus não antecede a Criação como costumamos pensar de um criador e sua obra. Não há antecedência porque não há linearidade nesse tempo. A tradição judaica reproduz essa ideia com o ensinamento no qual a Criação começa com a letra "beit", a primeira letra da palavra *be-reshit* – no começo ou Gênesis. Essa letra (א) limitada na direita, em cima e embaixo, aponta na direção* do tempo. Esse tempo que passa a ser linear, seguindo o caminho dos relatos e das vivências, não é o tempo de Deus.

Quando os rabinos se perguntam por que o universo começou com a letra "beit", que é a segunda letra do alfabeto, percebem que deveria haver algo "antes". O "alef" (primeira letra)

---

* O alfabero hebraico é escrito da direita para a esquerda. Portanto, na direção que a letra (א) aponta. A direção do tempo é a mesma pela qual o relato e a História se dirigem.

é um universo oculto que está fora do tempo sequencial. No entanto, o "alef" não é um antes. Ele aparece no texto bíblico representado nos Dez Mandamentos que se iniciam com a letra "alef". Alef é a primeira letra da primeira palavra – "eu".

Não há, portanto, antes ou depois. Há um "eu" que está fora do tempo e fora da Criação. Este "Eu" é Deus. Quanto mais perto dele, mais somos nada; quanto mais distantes, mais real o nosso "eu" que é, em si, a essência da inexistência. Este "eu" é o cordão umbilical da existência e da inexistência.

Lembremos também que o "eu" é o "agora". Ou seja, o "agora" é a essência da existência porque está longe do sempre. Quanto mais perto do "sempre" fica o "agora", quanto mais afeto, quanto mais desperto o momento, mais ele perde sua característica de existência, deixa de ser um tempo e torna-se um lugar, uma localização no "ambiente" da rede absoluta.

Essa talvez seja a razão de as visões místicas em relação ao futuro nos parecerem um tanto confusas. Os dias Messiânicos e mais ainda a ideia de Ressurreição dos Mortos em vez de parecerem um "tempo" se assemelham mais a um "ambiente". O primeiro reflete níveis fantásticos de atenção, de estar-se desperto, pressupondo um grau de conectividade nunca dantes experimentado. O segundo propõe uma desordem temporal. O morto que ressuscita é o passado que ocupa o lugar do presente. O "antes" que se confunde com o "agora" e que propõe o fim da mutação e da transformação também se confunde com o "depois". Talvez ambos os cenários sejam descrições de rede, mais do que projeções lineares na linha do tempo. Não são visões do futuro, mas do "sempre".

Existe, mas não há

É, SEM DÚVIDA, EXTREMAMENTE difícil aceitar a existência de algo que inexiste em nosso tempo e em nossa realidade. Como pode existir algo que não há?

A única porta para fora deste escuro e infindável universo está em nosso "eu" e em seu respectivo "agora". Assim como a passagem do tempo pode nos parecer a mais irrefutável verdade, não sendo mais do que uma ilusão, também o nosso senso de existência, nosso mais confiável referencial para verificar a realidade, não passa de uma miragem. Por alguma razão, é mais fácil definirmos nossa existência através de nossos sonhos, desejos e fomes, ou seja, por nossas faltas, do que por nossas realizações. Afinal, a renovação de nosso contrato com a vida parece depender mais de nossos projetos do que de nossas façanhas consumadas. Os vazios que nos impelem a agir são uma definição mais concreta de quem somos e da existência do que de nossos fastios e conquistas. Porque a fome e o esvaziamento não conhecem a depressão e a ausência de propósito. Apenas o saciado, o que não tem lugar a não ser para seu "eu", experimenta a tristeza e o desespero. O vazio, o potencial e o propósito são fontes constantes de afeto e interatividade.

A grande definição da Criação não é dada pelo tempo. A Criação é a saída de um "ambiente" onde há "UM", uma rede absolutamente interconectada, para um *"B" ereshit* (B=2), a dualidade e a diversidade. Quando dois – um "eu" e um "tu" – foram produzidos, começou a escrever-se a história da consciência desses que existiam justamente porque havia um outro para lhe oferecer existência. O tempo é, portanto, uma experiência de quem se relaciona. O que é "UM" fica fora do tempo e não se define pela existência, apenas o que é "dois" ou mais experimenta a existência e conhece a noção de tempo. A própria possibilidade de mudar e de transformar diz respeito a um outro, a redefinir identidades e limites. Afinal, a forma é essencialmente composta de limites – se é o que é porque também não se é o que não é.

As tradições religiosas milenares e os conhecimentos espirituais mais profundos sabem que Deus não se define por uma existência no tempo. Muitas vezes esse é o segredo máximo não permitido aos neófitos.

Um impressionante relato é feito por um antropólogo que conseguiu ganhar a confiança de uma comunidade afro-brasileira na Bahia. Após meses de convívio foi resolvido que lhe seria permitido conhecer a casa onde a entidade máxima do grupo habitava. Ansioso, o antropólogo se viu deixado por um par de horas na sala onde residia essa entidade. A sala, porém, estava vazia. Ao ser retirado da sala com muita festa o antropólogo ficou constrangido e não se atreveu a tecer qualquer comentário. Passados alguns meses, o antropólogo se tornou ainda mais íntimo e merecedor de maior confiança junto aos líderes do grupo. Por conta disso acabaram por lhe fazer uma revelação: "Já que você é realmente um dos nossos, queríamos compartilhar contigo nosso mais profundo segredo: aquele quarto está vazio!"

Para muitos o segredo pareceria a confissão de um engodo. No entanto, neste gesto de confiança ao antropólogo ficava revelado que o vazio era um "segredo". Não se tratava de uma mentira, de um logro ou ilusão. A sala estar vazia era um segredo e não uma constatação óbvia. Na realidade a sala não estava vazia. Existia na sala algo que era louvado com muita devoção e entrega, mas que não havia. O secreto é o vazio, porque para a sensibilidade dos devotos a sala estava preenchida de Presença. Da mesma maneira que o Deus no centro de todas as devoções humanas, em seu nível mais secreto, é ambas: tanto a ausência no tempo e espaço como a máxima Presença.

Esta inexistência não o é em essência, mas em forma. Ela é importante porque por mais que sejamos refinados e sofisticados, continuamos "desenhando" Deus como uma gelatina. Maimônides, em seus 13 princípios de fé, enumera o primeiro deles como sendo: "A crença em Sua existência." A "crença" é distinta da "certeza". É uma afirmação que pressupõe que na experiência de nossa realidade Ele não se representa. Deus se faz Presente nos vazios dessa realidade ou no sempre que perpassa cada agora.

É essa tentativa hercúlea que faz a civilização humana para traduzir seu mais profundo segredo em linguagem – há um Deus que não existe no tempo. Ao longo de uma era traduzimos isso em zoomorfismo – Deus tinha uma forma animal. Tal como a natureza produzia outros que eram de espécies diferentes, Deus, o Tu, o Outro, também era um outro-animal. Ao Deus animal se sacrificavam "virgens", formas humanas. Como se ao devorá-las o Outro e o "eu" se comunicassem. Depois passamos ao antropomorfismo. Deus assumia a figura humana. Zeus ou Baal foram alguns exemplos deste Tu humano. A eles se oferecia, em vez de humanos, o outro, ou seja, sacrifícios animais.

A Bíblia inicia uma era de amorfismo. Um Deus sem forma, um Outro abstrato. A Ele se sacrificam palavras, orações e textos. Afinal, a linguagem é nossa mais concreta manifestação de interatividade.

À medida que despertamos de nossos estados mais despertos vamos descobrindo coisas fantásticas. A Cabala Luriânica, o pensamento Zen, o esvaziamento Budista e Hassídico, a psicanálise, as terapias transpessoais ou mesmo a Internet têm disponibilizado palavras e conceitos novos que nos permitem falar de forma nova. Essas falas são falas mais despertas, menos entorpecidas por ação de trocas e de afeto.

Tal como Reb Zalman nos lembra que os esquimós têm inúmeras palavras para descrever "gelo", precisamos de muitas outras palavras para nomear existência, tempo, o "eu" e o "Tu".

A grande revelação de Deus está no livro de Nomes (Êxodo). Não só porque lá mostra novos Nomes de um Deus que não tem forma e que habita num tempo que desconhecemos, mas porque lá se revela um caminho evolutivo importante: *"E apareci a teus antepassados por um nome; mas por meu novo nome, a eles não me fiz saber."* (Ex. 6:3)

Estes novos Nomes são uma urgência em nossos dias. Eles contêm muito mais do que revelações para saciar nossa curiosidade. São Nomes que expressam nosso estágio evolutivo atual, ou seja, nossa capacidade de gerar afeto. A capacidade de ampliarmos a interatividade da vida nos torna mais despertos e, por consequência, mais aptos a perceber outros Nomes que desfilam por nossa realidade, mas não conseguimos ouvir.

Esses nomes são o monolito, são marcos que de tanto em tanto encontramos por nossa caminhada na História. Não apenas marcos que servem de registros sem maiores significados, mas a própria senha ou a pista que renova mais uma etapa desta gincana da Criação. De tanto em tanto somos capazes de entender um novo Nome, uma nova identidade, uma nova forma de conhecer esse "eu", que tem sido nosso Tu desde nossas lembranças mais recônditas. Quanto mais soubermos desse Tu, menos seremos "eu". Conhecê-lo face a face nos trará de volta a nossa casa: o Sempre do qual partimos nesta viagem pelo tempo sequencial.

A inexistência de Deus no tempo nos ajuda a entender um pouco mais de nosso "eu" e de nosso "agora". Na medida em que somos "imagem e semelhança" do Criador, descobrimos aspectos de nossa própria inexistência no tempo que nos completam e nos explicam. Descobrimos assim uma face transcendente de nosso ser que torna nossa ilusão do tempo menos violenta – ele é mais nosso do que nós dele.

Afinal, "tempo" (ZeMaN) em hebraico tem a mesma raiz da palavra "convite" (aZMaNa). Mais do que uma trilha, talvez o tempo seja um convite. Convite da Presença eterna e inexistente neste tempo para que participemos do infinito banquete de trocas e interações desta rede. O prato principal: o despertar do convidado e do anfitrião.

UM-E^{H}AD

A REVELAÇÃO MÁXIMA QUE MOISÉS transmite ao povo no monte Sinai é produto de sua própria experiência:

> *"Ouça Israel, o Eterno (YHWH) é nosso Deus, o YHWH é UM."*
>
> Deut. 6:4

Esta declaração em conteúdo, tom e configuração representa uma fórmula. Nela se estabelece uma relação entre o infinito e a unidade. Ambos os valores – infinito e unidade – aparecem representados respectivamente pelo tetragrama que é nome de Deus – YHWH – e UM. YHWH é, como vimos, o somatório e a fusão de todos os tempos, de todos os espaços e de todas as formas. YHWH é a Rede que contém tudo. A interatividade absoluta produz essa existência UNA. Designar por Nome ou Algoritmo ao Deus que é infinito em Seu ambiente que corresponde ao Sempre, também infinito ($\infty/\infty = 1$), só é possível através da unidade, do UM. Se quisermos lidar com a Presença desse UM em meio ao universo infinito de formas no qual existimos ($1/\infty = 0$), não encontraremos forma.

Deus não compartilha de uma existência que se defina através do real ou irreal, do dentro ou fora, do antes ou depois, do ser ou não ser, do eu ou do outro, Deus é UM, experiência essa que nos é tão incompreensível quanto fantástica. Por isso o apelo é para que se "ouça" (Ouça Israel!). Vocês jamais verão, como não conseguiu ver Moisés. Então ouçam. Ouçam aquilo que vocês jamais verão. Porque se o momento de Deus é mais um lugar, um ambiente, do que um tempo, então a Presença de Deus é mais uma escuta do que uma visão. Como o passado e o futuro são uma escuta e não uma visão. Como a existência de quem já foi e de quem virá é uma escuta e não uma visão. Como não há símbolos para ver, mas textos para ouvir.

Este é o enigma que acredito insolúvel para nossa ciência. Ela jamais verá. E os laboratórios projetados para que se veja jamais verão. Porque a revelação não será como um diapositivo que registra um "agora" visível. Só os "agoras" podem ser fotografados, pois a luz os registra. O sempre não é visto por luz, o sempre é percebido na interação que se manifesta na escuta. A luz produz objetos, coisas. A escuta produz contato.

E toda vez que a ciência quiser ver seja o UM, o infinito ou o zero, se fará prisioneira de um labirinto onde esses algoritmos se confundem e se ocultam mutuamente.

A ciência não tem recursos para ver e a linguagem não tem recursos para falar. Daí Deus tratar de si e sobre si através de metáforas verbais. Afinal no UM não há sujeito, e sem sujeito e sem tempo não há verbo. E sem verbo não há fala. Pode-se no máximo balbuciar ou implicar-se através de reticências. Só mesmo o silêncio respeita o vazio de formas na fala. Por isso Moisés insiste no sentido da audição. A escuta reverbera e depende de interação. Duas importantes características do Sempre. O Sempre reverbera e interage.

Nós humanos somos a suprema criação, a "imagem e semelhança" do Criador. Não o somos, porém, por privilégio ou hierarquia, mas por nossa consciência. Caso o cão ou o cavalo despertasse em níveis semelhantes de nossa consciência, se perceberiam a "imagem e semelhança" também. Mas tanto nós como qualquer entidade viva e consciente do Universo jamais seremos UM. Somos, quando atingimos níveis maiores de consciência, não UM, mas únicos, especiais.

Aqueles que existem no tempo e na forma são semelhantes ao Criador, que inexiste no tempo e na forma, através da característica de se perceberem únicos. Único é a representação que UM assume quando existe e tem forma. Quanto mais nos sentirmos únicos mais acesso teremos à Presença, ao UM.

No despertar para o "único" se constrói a ética e se constrói a espiritualidade. Tal como único é o "eu", único é o "outro" e único é o "agora". Assim explicou o sábio Hillel, que nos deu a fórmula de encontro com esse UM que não há em nossa realidade e em nosso tempo.

"Se não sou por mim (se não sou único), quem por mim?
E se sou apenas por mim (se o outro não é único), quem sou?
E se não agora (único), então quando?"

Estas coordenadas de eu-tu-agora únicos são nossos portais para o Sempre e para o UM.

Concluído no "agora" das 19 horas e 36 minutos
do horário brasileiro
do dia 22 de setembro de 2002,
Lua minguante do sétimo mês do calendário hebraico de 5763.

Este livro foi impresso na Editora JPA Ltda.,
Av. Brasil, 10.600 – Rio de Janeiro – RJ,
para a Editora Rocco Ltda.